काव्य-चयनिका

[ऋतु, प्रकृति, पर्यावरण और मनुष्य के अन्तर्सम्बन्ध और पारिस्थितिकी की चुनौतियों को उजागर करतीं 101 कविताएँ]

काव्य-चयनिका

[ऋतु, प्रकृति, पर्यावरण और मनुष्य के अन्तर्सम्बन्ध और पारिस्थितिकी की चुनौतियों को उजागर करतीं 101 कविताएँ]

सम्पादक

डॉ. प्रमोद कोवप्रत

लोकभारती प्रकाशन

लोकभारती प्रकाशन
पहली मंज़िल, दरबारी बिल्डिंग, महात्मा गांधी मार्ग
इलाहाबाद-211 001

वेबसाइट : www.lokbhartiprakashan.com
ई-मेल : info@lokbhartiprakashan.com

शाखाएँ : 1-बी, नेताजी सुभाष मार्ग, दरियागंज
नई दिल्ली-110 002
अशोक राजपथ, साइंस कॉलेज के सामने
पटना-800 006
36 ए, शेक्सपियर सरणी, कोलकाता-700 017

पहला संस्करण : 2015

बी.के. ऑफसेट
नवीन शाहदरा
दिल्ली-110 **032** द्वारा मुद्रित

KAVYA-**CHAYANIKA**
Edited by Dr. Pramod **Kovaprath**

ISBN : 978-93-5221-046-6

मूल्य : ₹ 450

प्रिय माँ को

कविता की परिस्थिति और परिस्थिति की कविता

विषय विविधता और बहुस्वरता समकालीन कविता की खासियत है। पिछले दो–ढाई दशक विशेषकर परिवर्तन का समय रहा है। इसलिए दलित, स्त्री, पर्यावरण, मानवाधिकार, आम आदमी का जीवन–संघर्ष आदि कई विषय कविता में उभर आए। एक ओर वैश्वीकृत दुनिया की झंझटें समाज को कस रही हैं तो दूसरी ओर टेक्नोलॉजी और मीडिया ने हमारी जीवन–शैली को ही बदल डाला है। भोग–लालसा तथा सुख–लोलुपता की अन्धी दौड़ में मानव राशि ही नहीं, ब्रह्मांड के समस्त जीव कराह रहे हैं। मानव अपने ही दाह–संस्कार की तैयारी में तुले हुए हैं। मन:स्थिति यही है कि अपनी मृत्यु के बाद यहाँ बाढ़ ही आ जाए, कोई परवाह नहीं। यह उपभोक्तावादी संस्कृति की सोच है। वहाँ साधन की चिन्ता नहीं, साध्य सब कुछ है।

नवउपनिवेशवादी दौर में मुनाफाखोर कंज़्यूमर कल्चर में एक ओर मूल्यों का प्रदूषण बढ़ रहा है तो दूसरी ओर हमारे पैर तले की ज़मीन फिसल रही है। इसी माहौल में कविता की ज़मीन बदल जाती है। जल–जंगल–ज़मीन कविता के ज्वलन्त विषय बन जाते हैं। प्राकृतिक संसाधनों के अन्धाधुन्ध दोहन से पूरा ब्रह्मांड काँप रहा है। समस्त प्राणी भयभीत हैं, प्राणियों व वनस्पतियों का अस्तित्व खतरे के कगार पर पड़ा है। फिर भी मानव राशि निस्संग तथा निर्विकार होकर बैठती है। अपनी पतनोन्मुखी संस्कृति की फिक्र नहीं। क्षण महत्त्वपूर्ण है, पैसा महत्त्वपूर्ण है, साध्य महत्त्वपूर्ण है, बाकी सारे प्रश्न उनके सामने अप्रासंगिक लगते हैं।

खैर, उम्मीद की बात यह है कि हिन्दी के समकालीन कवि काफी जागरूक हैं। आसन्न–मृत्यु से वे धरती को बचाना चाहते हैं। विद्रोह, आक्रोश, प्रतिरोध—इन शब्दों से परे वे विवेक के साथ पर्यावरण

की गुरु-गम्भीर समस्या को पेश कर रहे हैं। 'है अँधेरी रात पर दीवा जलाना कब मना है'—कवियों की अडिग आस्था हममें अटल आशा भर देती है। पारिस्थितिक समस्याओं पर केन्द्रित हिन्दी कविताओं का एक संकलन निकालने की बात कई समय से मैं सोच रहा था। अब यह मूर्त रूप पा रहा है। यहाँ कोई दावा नहीं है। संग्रह में एक सौ एक समकालीन कविताएँ और पैंतालीस कवि शामिल हैं। कौन छोटा है, कौन बड़ा, यह सवाल अप्रासंगिक है। क्योंकि कविता का विषय महत्त्वपूर्ण है, समस्याओं की भयंकरता प्रासंगिक है। एक ही त्रासदपूर्ण मुद्दा सबके लिए महत्त्वपूर्ण है। सबमें आशंकाएँ हैं, साथ ही आशाएँ। प्रकृति की आसन्न-मृत्यु पर चीखने से बढ़कर प्रतिरोध खड़ा कर देना ये रचनाकार अपना दायित्व समझते हैं। संवेदनात्मक-भावात्मक स्तर इनको एक मंच पर लाता है। कुछ कवि नामी एवं दिग्गज अवश्य हैं, कुछ नवोदित प्रतिभाएँ भी। कविताओं का क्रम वर्ण क्रम के अनुसार दिया है। विश्वास है कि वर्तमान समय की ज्वलन्त समस्या पर ये कवि और गौर कर पाएँगे। साथ ही समय के प्रति वे न्याय कर पाएँगे। सरोकार सबसे बड़ी बात होती है।

यह संकलन अपने आपमें पूर्ण भी है, अधूरा भी। प्रस्तुत मुद्दे पर लेखनी चलानेवाले सभी कवियों को इसमें शामिल करना सम्भव नहीं हो पाया। कई गणनीय कवि इसमें नहीं हैं। यह संकलन की सीमा है। जब इस संकलन के विस्तार का मौका मिलेगा, तब इस कमी को दूर कर पाएँगे। हिन्दी के लब्धप्रतिष्ठ कवियों ने इस सारस्वत योजना को सफल बनाने में पूरा सहयोग दिया है, प्रोत्साहन दिया है। सभी ने समय पर कविता तथा अनुमति देकर अनुगृहीत किया है। संकलन के सभी कवियों के प्रति दिल से आभारी हूँ। बन्धुवर आमोद महेश्वरी के प्रति विशेष आभार! हिन्दी के सुधी पाठकों की प्रतिक्रिया की आशा के साथ—

—डॉ. प्रमोद कोवप्रत

एसोसिएट प्रोफेसर, हिन्दी विभाग,
कालीकट विश्वविद्यालय मलापुरम,
जिला, केरल-673635

अनुक्रम

अनऋतु / **एकान्त श्रीवास्तव** 13
अभयारण्य-दर्शन / **सूरजप्रसाद पचौरी** 15
अरावली रुदन / **ऋतुराज** 18
अरावली से अलकनन्दा तक / **रमेश मयंक** 20
अस्तित्व / **सदानन्द शाही** 24
आग पेड़ों को नहीं पहचानती है / **श्रीकृष्ण कुमार त्रिवेदी** 25
आदत / **रामदरश मिश्र** 27
इतने दिनों से कोई फूल नहीं देखा / **विजेन्द्र** 28
इस श्मशान पर / **अरुण कमल** 30
उनका होना न होना / **लीलाधर मंडलोई** 31
उमस / **राजेश जोशी** 33
एक नदी सूख गई / **हरीशचन्द्र पांडे** 35
एक पेड़ / **राग तेलंग** 36
एक हरा जंगल / **कुँवर नारायण** 37
करुणा / **श्रीप्रकाश शुक्ल** 38
काश! पेड़ों के पाँव होते / **गंगा प्रसाद विमल** 39
कि जान पाते रहस्य हम / **लीलाधर मंडलोई** 41
किस्सा तालाब का / **राजेश जोशी** 43
कुएँ / **सदानन्द शाही** 46
कुएँ सूखते चले गए / **सदानन्द शाही** 47
कूड़मग़ज़ धरती / **लीलाधर जगूड़ी** 48
कूड़ा-कचरा और कोंपलें / **बलदेव वंशी** 50
खड़े-खड़े देखेंगे / **नवल शुक्ल** 52
खाली प्लॉट / **रामदरश मिश्र** 54
खो जाएगा एक दिन धरती का संगीत / **राज्यवर्द्धन** 56
गंगा को प्यार / **अरुण कमल** 58

गर्मी / **बद्री नारायण** 60
गेहूँ / **कैलाश वाजपेयी** 62
गोर्रा नदी / **जितेन्द्र श्रीवास्तव** 63
घटती हुई ऑक्सीजन / **मंगलेश डबराल** 66
घाटी / **गोविन्द मिश्र** 68
घोंसलों का इतिहास / **केदारनाथ सिंह** 70
चर्चा करते परिन्दे / **प्रदीप नवीन** 73
चिड़ियों के निष्कासन के ख़िलाफ़ एक बयान / **बद्री नारायण** 74
जंगल की आवाज़ / **कैलाश वाजपेयी** 76
फ़रमाईशें / **वीरेन डंगवाल** 77
जंगली गुलाब / **कुँवर नारायण** 78
ठंडे पानी की मशीन / **एकान्त श्रीवास्तव** 79
तरु देवो भव / **कैलाश वाजपेयी** 81
तलाश / **विजेन्द्र** 82
तूफ़ान...भूकम्प...ज़िन्दगी / **मदन कश्यप** 84
तेज़ाबी वर्षा / **बलदेव वंशी** 86
दुश्चक्र में स्रष्टा / **वीरेन डंगवाल** 88
धरती से विदा / **नवल शुक्ल** 91
धरती हमारी नाव है! / **बलदेव वंशी** 92
धरती हाँफ रही है! / **बलदेव वंशी** 93
न के बराबर / **लीलाधर मंडलोई** 95
नदी / **नीलाभ** 97
...नदी आदमखोर हो गई है! / **राज्यवर्द्धन** 99
नदी और साबुन / **ज्ञानेन्द्रपति** 101
नदी को बहने दो / **पी.वी. विजयन** 104
नदी गीत / **बद्री नारायण** 106
नदी माँ का दुलार / **रमेश 'मयंक'** 108
नवक्रान्ति / **कैलाश वाजपेयी** 110
निश्चय / **इन्दु जैन** 111
पर्यावरण / **गणेश गायकवाड़** 112
पहाड़ियाँ / **गोविन्द मिश्र** 115
पाइप के पानी की नींद / **वीरेन डंगवाल** 117
पानी / **ज्ञानेन्द्र साज** 118
पानी एक आवाज़ है / **प्रेमशंकर शुक्ल** 120

पानी का मतलब / **प्रेमशंकर शुक्ल**	124
पानी की प्रार्थना / **केदारनाथ सिंह**	125
पानी था मैं / **केदारनाथ सिंह**	128
पॉलिथीन / **ज्ञानेन्द्रपति**	130
पूरा जीवन / **इन्दु जैन**	133
पेड़ / **रामकुमार आत्रेय**	135
पेड़ की आजादी / **लीलाधर जगूड़ी**	137
पेड़ जड़ों से शुरू होता है / **गंगा प्रसाद विमल**	141
पैसेवाले सैलानी / **गोविन्द मिश्र**	143
पृथ्वी दिवस, 1991 / **मदन कश्यप**	145
प्लास्टिक / **राग तेलंग**	148
प्रकृति की पुकार—सावधान / **बी.एल. आर्य**	150
प्रकृति को शब्द / **प्रदीप नवीन**	152
प्रगति : एक सांस्कृतिक उछाल / **विनोद बिहारी लाल**	153
प्रभु, हे प्रभु, महाप्रभु! / **श्रीकृष्ण कुमार त्रिवेदी**	156
प्रेम की नदी है यमुना! / **रमेश कुन्तल मेघ**	158
फूल / **रामदरश मिश्र**	162
बहुत दूर नहीं / **इन्दु जैन**	164
बाढ़-2005 / **सूरजप्रसाद पचौरी**	165
भाषा की ध्वस्त पारिस्थितिकी में / **कुँवर नारायण**	166
भारत का काला चाँद / **मनु**	168
मंच / **हरीशचन्द्र पांडे**	172
मैनग्रोव / **प्रमोद कोवप्रत**	173
मोक्षदा ही नहीं / **श्रीप्रकाश शुक्ल**	175
मौन संसार के सन्देश / **आभा भारती**	177
यह पृथ्वी क्या केवल तुम्हारी है / **ज्ञानेन्द्रपति**	178
यहाँ एक वृक्ष रहता था / **राजकुमार कुम्भज**	181
रूठी गौरैया / **राज्यवर्द्धन**	183
रेत के द्वीप पसर आए हैं / **ज्ञानेन्द्रपति**	184
विलुप्त प्रजातियाँ / **राजेश जोशी**	187
वे रात भर पेड़ काटते रहे / **विजेन्द्र**	190
शर्मनाक / **लीलाधर मंडलोई**	192
सँभालो कदम / **आभा भारती**	193
समुद्र पीछे खिसक रहा है / **एकान्त श्रीवास्तव**	194

सरस्वती / **नीलाभ** 196
सुनामी बनाम प्रलय / **निर्मला मौर्य** 198
सूखती नदी / **श्रीप्रकाश शुक्ल** 200
सूखा / **गंगा प्रसाद विमल** 201
सूखा / **ऋतुराज** 202
सूखी झील / **प्रेमशंकर शुक्ल** 203
हथियाई गई ज़मीन / **हरीशचन्द्र पांडे** 204

एकान्त श्रीवास्तव

अनऋतु

नींद कहाँ आती है
मैं करवट बदलता हूँ

सुनो! तीतुर बोलते हैं
आधी रात को
माघ के महीने में
बन में डोंगरी में

जो नदी सूख जाती है
उसका जल
स्वप्न में बहता रहता है
जो वृक्ष जल जाते हैं उनके फूल
महकते रहते हैं स्मृतियों में

हवा बहती हुई ठिठकती है यहाँ
तीतुर बोलते हुए
सहसा हो जाते हैं चुप

सावन में साँवाँ फूलता है
भादों में काँसी
वह कौन ऋतु होगी जिसमें फूलेगा
अरण्य इस उजाड़ जीवन का

कितना धुआँ है कि दम फूलता है
जलती है आँख
कहीं घर जल रहे हैं देखो

और उनकी आँच
यहाँ मेरी त्वचा पर

हाहाकार से भर गया है आकाश
वे बोलते हैं दो शब्द
और दो शब्दों के बीच से
बहता आता है रक्त

ये वो जगह तो नहीं
जहाँ आना चाहता था मैं

कभी पाँवों से बना था जो रास्ता
उस पर उग आई है घास

बन में डोंगरी में
बोलते हैं तीतुर। सुनो,
नींद कहाँ आती है।

सूरजप्रसाद पचौरी

अभयारण्य-दर्शन

कल-कल धुन से झरने झरते
टप-टप करती बूँदें गिरतीं
सन-सन करती हवाएँ चलतीं
जैसे कानों में कुछ कहतीं।

विविध-वर्ण के जीव निराले
सारस-पक्षी बहु-रंगों वाले।
तीतर-पंछी मटमैले-काले
शेर बने वन के रखवाले।

काली गलगल कंठी-वाली
जब देखो जब उड़े निराली।
जल का बगला श्वेत-सफेद
उड़-उड़ शोर मचाए क्षेत्र।

लवा-बटेरी पंडुक आएँ
मोरें अपना नाच दिखलाएँ।
हरे रंग के तोता पंछी
मन को मोहे उनकी कंठी।

जब फूटें दिन की किरणीं
जंगल में फैलीं सहस्त्रों हिरणीं।
नील-गाय और चरैं गुराएँ
ऊपर से झर्रा मँडराएँ।

सघन वृक्षों की शीतल छाँव

बन्दर बैठे शर खुजलाएँ।
कहीं खरगोश कहीं पर सियार
मौज-मस्ती में करैं विहार।

जब हो आधी रात
जंगली वराहों के छूटैं लाट।
अजगर काले नाग दिखलाएँ
शेर राजा दहाड़ लगाएँ।

ऊँचे-ऊँचे पेड़ विशाल
हरे-भरे और छायादार।
कहीं पर बरगद कहीं पलाश
कहीं आँवला कहीं पर साज॥

सागौन पीपल शोभा पाएँ
शीशम भी मजबूती गाएँ।
गुंजा अपनी अकड़ बताएँ
कुल्लू उज्ज्वल रूप दिखलाएँ॥

अमलतास के पीले फूल
कचनार पेड़ नाम मशहूर।
बीच-बीच बाँसों के झुरमुट
बेर करौंदा फैले सम्मुख॥

कैंथा के बड़े मोटे पेड़
बिलसैना भी करता होड़।
कौहा और नीम के पेड़
मकोरा छाया धूप को छेड़॥

धवा नाम के पेड़ यहाँ हैं
हरदू तिंसा हरे-भरे हैं।
जामुन गूलर हर्र बहेड़
बबूल रेंवजा करें खदेड़॥

बीजा लाख और अचार
तेंदू-पत्ता का व्यापार।
फैले सुरसा और गुरार
सेमर फैले गोलाकार॥

इनकी छाया जो गह पाए
पूरेपन से प्रकृति सुख पाए।
शीतल जल से प्यार बुझाए
कृत्रिमता से मुक्ति पाए॥

ऋतुराज

अरावली रुदन

बहुत बरसों से अरावली की छाया में बसने की इच्छा थी
हम रुक भी गए थे और अपना सामान फैलाने में लगे थे
कि अचानक एक रात अरावली का भयानक क्रन्दन सुनाई दिया
एक गहरी हृदय-विदारक कराह और भीतर तक हमारी संवेदनाएँ
तोड़ती हुई सिसकियाँ
अरावली को कोई नीचे की तरफ धकेल रहा था
कोई हिला रहा था उसकी विशाल जंघाएँ
हम भयभीत होकर इधर-उधर भागने लगे थे और तब हमने देखा
अरावली को नंगा करके फाँसी पर लटकाया जा रहा था
गूजरियों के सरस मन्द्र गीत और मीणियों के भावविभोर नृत्य
अरावली की छाया पड़ते ही महारास में बदल जाते थे
नीम हो या पीपल सभी वृक्षों में बसेरा करते पक्षी नींद की झपकियों के बीच
देखते थे अरावली की सन्तानों का नाच-गान
रँभाती गाएँ उछलती बकरियाँ आत्मतृप्त होकर लौटती थीं
अरावली के प्रेम में खोई
अरावली को मैंने प्यार करते मेरा चुम्बन लेते देखा है
पलाश और सेमल के रक्त सलज्ज एकान्त में कई बार मेरी हाँपनी चढ़ती साँस को
उसके वक्ष ने काम-पीड़ित किया है
कई बार उसके अदृश्य स्पर्श ने मुझे चिकोटा है नखक्षत किया है
अरावली से ही मैंने सीखा है कि एक पहाड़ का प्यार कठोर दुर्गम होते हुए भी कितना रसीला हो सकता है
अब अरावली के पार कोई दूसरा नहीं बल्कि उसकी प्रतिच्छाया है
उसकी बुभुक्षित नग्न निबिड़ता है
लोगों ने अरावली के हृदय को भूनकर खा डाला है और उसकी जलधाराओं के दुर्गन्धित मलबे से भर दिया है

अरावली ने जो अग्नि उन्हें जीवित रखने के लिए दी थी
वह तो कभी की बुझ गई है
अरावली की यात्रा करते वक्त राख और हड्डियों का भारी बोझ
हर वक्त महसूस होता है
दिन-रात अरावली की सूखी-निचुड़ी हड्डियों में शेष रहे फॉस्फोरस की
लौ उठती है तो बहुतेरे यात्रियों को भ्रम होता है
कि अरावली अभी मरा नहीं है
सच तो यह है कि अरावली एक बहुत विशाल श्मशान में बदलकर
हमें धीरे-धीरे मरते हुए देख रहा है

एक हाथ से लाठी टेकती हुई दादी क्या लाई है सिर पर?
ये अस्थियाँ हैं अरावली की और उस बुढ़िया की सूखी हड्डियाँ भी तो
कितनी कम हैं अरावली दहन के लिए
किस आशा की उत्तेजना में उठी होगी वह आज सुबह
किस भयावह गाँव से भागकर तेज कदमों से चलती हुई पहुँची होगी यहाँ
लेकिन उसे मिला क्या?
एक उजाड़ कहानी के सिवा
भव्य पाषाण शिल्प के आगे उसने देखा है तांडव औघड़ अरावली का
यह कोई उत्सव नहीं है, न कोई समारोह है विदेशी पर्यटकों के लिए
यह श्मशान की पथरीली विराट गुम्बद है कोई
जिसके नीचे बैठी वह बुढ़िया रोए जा रही है लगातार...

रमेश मयंक

अरावली से अलकनन्दा तक

मैं कितनी बार अरावली से चला
कभी सँकरी, कभी खतरनाक पगडंडी
घाटी की राहों पर,
मुझे बढ़ाती रही—आगे—आगे हल्दी घाटी
चेतक स्मारक ने हौसला बढ़ाया
शाही बाग, रक्त तलाई ने आगे का रास्ता दिखाया
इस उम्मीद में—कि तुम मिल जाओगी
कहीं किसी दिशा से आकर मुझे अलकनन्दा।

मेरी मरुभूमि—रेतीला स्थान
और अरावली का क्षेत्र भी हो जाएगा
क्या पत्थरों का रेगिस्तान?
अरावली की चट्टानों पर अंकित है
मेरे पाँवों की छाप,
मैं नहीं रुका वहाँ पल भर के लिए भी
क्योंकि मुझे तो आना था तुम्हारे पास—ओ अलकनन्दा
मन में उठे प्रश्नों का समाधान तुम्हीं से पाना था
मैं सरस्वती के गुम होने का रहस्य जानना चाहता हूँ
नंगी पहाड़ियों को देखकर मेरा हृदय रोता दग्ध
रास्ते में मिल गई गंगा—कहने लगी
जा रहे मिलने—अलकनन्दा से
मेरी तरफ से भी बोल देना—प्यार के दो शब्द।

मैंने कनखल में शीश नवाया,
हर की पैड़ी पर स्नान करते हुए
शान्तिकुंज होकर ऋषिकेश आया,

मनु की रेती ने समझाया तो
एक पल था व्यर्थ न गँवाया
देव प्रयाग में तुम्हें भागीरथी से बातें करते पाया,
शीश झुकाकर मैंने कहा था—
"मैं अरावली से आया हूँ
अपनी जिज्ञासा की चिर-प्यास लाया हूँ
मेरी सरस्वती तो पहले ही कहीं खो गई
मेरे पास ही रेतीले निशान बो गई।"

तुमने कहा था—
"अब आ गए हो तो बढ़ते जाओ,
स्नान-ध्यान का पुण्य कमाओ,
बदरिकाश्रम—तपोभूमि है
देव-दर्शन का लाभ उठाओ,
काश! तुम—
कुल्हाड़ी चलाकर पेट भरने के बजाय
पेड़ पालने पर ध्यान लगाते
तो अरावली की पहाड़ियों को
कभी भी नंगा नहीं पाते,
क्या तुम रख पाए—सरस्वती का सम्मान?
प्रदूषण, पर्यावरण के खतरों से
स्वार्थों की दौड़ में नदी माँ का बचा पाए मान?
मैंने भी तो खेतों-खलिहानों, बाग-बगीचों-उद्यानों में
पेड़-पौधों-फूलों को पनपाया है,
जन मंगल के लिए
जंगल में मंगल का आनन्द दिलाया है।"

तुम्हारे अलकमयी स्वरूप ने मेरे चित्त को
सरल व निर्मल बनाया,
तुमने श्रीनगर (गढ़वाल) में मुझे मन्दाकिनी से मिलवाया
मिलने का अगला ठिकाना रुद्र प्रयाग बताया
श्रीनाथ जी की अनुकम्पा से
रघुनाथ जी का मेरे माथे हाथ था
मैं फिर आगे बढ़ा

ऊपर और ऊपर चढ़ा तो विष्णु प्रयाग में—
धोली-गंगा के साथ बड़े ठाठ से विराजमान थी,
दाईं तरफ का पर्वत नर था
बाईं तरफ का नारायण था
गोविन्दघाट; फूलों की घाटी
हेमकुंड साहिब के दर्शन की दिव्य परिपाटी
पांडुकेश्वर से आगे—बदरीनाथ बुलाता था
तप्त-कुंड थकान मिटाता था।

मैं गढ़ों के गढ़ का निवासी
प्रान्त की समृद्धि का अभिलाषी
गढ़वाली स्थापत्य को देखकर
नतमस्तक हो गया—अलकनन्दा,
सप्तधारा, वसुधरा, शेषनेत्र,
चरणपादुका को शीश नवाता
अपना भाग्य सराहता
दक्षिण के श्याम वर्ण और नम्बूदरीपाद की
पूजा के महत्त्व को समझने की कोशिशों के साथ
तुम्हारे किनारे खड़ा हूँ
लक्ष्मीनारायण के साथ—बदरी विशाल की धरती पर
तुम्हारी जय बोलते हुए
काया सुधरी वाली पुरी को बारम्बार करते हुए प्रणाम
स्मृतियों में बसाता हूँ—अलकनन्दा—तुम्हारा नाम।

मैं अब तो—तुम्हारी जय गाता हूँ
वापसी कदम बढ़ाता हूँ
ठीक घाटी के बीच से मुझे लाती हो
हवाओं की तरह अरावली तक पहुँचाती हो।
पूछती है—अरावली—क्या लाए अलकनन्दा से ?
तो मैं—इतना ही कह पाया—उसने कहा था—
''अलकनन्दा ने अरावली को
सदैव समृद्धि का शुभकामना सन्देश दिया है
और विश्वास भी दिलाया है
अरावली की पहाड़ियाँ नहीं रहेंगी नंगी

हरियाली के साथ रहेंगी भली-चंगी
और मुझसे कहती रहेंगी—
यदि बन्द करोगे काटने का गोरखधन्धा
तो आस-पास ही रहेगी—अलकनन्दा।"

सदानन्द शाही

अस्तित्व

पृथ्वी जल रही है
आकाश सिमट गया है
छलक उठते हैं पहाड़
नदियाँ स्थिर हो गई हैं
ध्वनियाँ सिर्फ लहकती हुई साँस में बच गई हैं
द्वैत और अद्वैत से परे
वायवीय ब्रह्म
ठोस आनन्द में रूपान्तरित हो उठा है
क्या यही अस्तित्व है।

श्रीकृष्ण कुमार त्रिवेदी

आग पेड़ों को नहीं पहचानती है

ओ परिन्दो!
दूसरों के घोंसलों को आग देकर
कब तलक छुपते रहोगे बादलों में?
छोड़कर धरती भला कब तक उड़ोगे?
नीड़ अपना बचा पाओगे कहाँ तक?
भेद अपने या पराए में नहीं करती तनिक भी
आग पेड़ों को नहीं पहचानती है।

और यह भूकम्प
जो लेकर चले हो
क्या तुम्हारा हो सकेगा?
आज मेरा, कल तुम्हारा घर ढहाएगा।

समय रहते
बचो, इन भस्मासुरों से
ये भलाई के लिए उपजे नहीं हैं।
पालना इनको सरल है
किन्तु वश में किए रहना है असम्भव।
जोश को
रचनात्मक आयाम देने की करो कोशिश,
मुक्त, बारूदी घुटन से करो मन को,
अनसुनी मत करो अन्तःकरण की आवाज़
रोकती है जो तुम्हें भी
कुपथ पर आरूढ़ होने से।
बची रहने दो
सशंकित भावनाएँ

स्नेह, निर्मलता, सजल संवेदनाएँ
मनुजता के घावों पर मरहम लगाने के लिए।
काम आएँगी तुम्हारे भी
कभी जब व्रण तुम्हें निष्क्रिय करेंगे,
विवश कर देंगे कि काटो
फ़सल अपनी
जो उगाई थी कभी तुमने
कहीं उन्मत्त होकर
उपेक्षा करके सभी शुभचिन्तकों की।

राह उतनी ही नहीं
जितनी कि दिखती
मोह या उन्माद के
दुर्दम क्षणों में।

रामदरश मिश्र

आदत

मैंने अपने खुले आँगन में
यहाँ-वहाँ कुछ फूल उगाए हैं
शायद उनकी भाषा हवाओं तक पहुँचे
और हवाएँ दिशाओं तक

उसने सोने-चाँदी के पहाड़ पर
बारूद के पेड़ लगाए हैं
जिनकी विषाक्त साँसों से
झुलस गई हैं हवाएँ
ऐंठ गई हैं वनस्पतियाँ—
टूट गए हैं चिड़ियों के पंख

तेजाब-सा खलबला रहा है नदियों का पानी
जल गए हैं मौसमों के रंग
और वे एक-दूसरे में समा गए हैं
और आदमी एक प्यासा शोर बनकर रह गया है
तुम व्यंग्य से मुस्करा रहे हो कि
मैं इस भयावह हक़ीक़त के बीच
फूल उगा रहा हूँ
मित्र, मैं जानता हूँ अपनी कमज़ोरी
लेकिन क्या करूँ अपनी इस आदत का
जिसने पक्के मकान के आँगन में
थोड़ी-सी कच्ची ज़मीन छोड़ रखी है।

विजेन्द्र

इतने दिनों से कोई फूल नहीं देखा

इतने दिनों से कोई फूल नहीं देखा
कोई रक्त कुसुम
कोई बौर का गुच्छा
दोआबा में उन्हें छोड़ आया हूँ
यहाँ देखता हूँ खसा मिट्टी का परकोटा
इसने अंग्रेज़ों को लोहागढ़ में घुसने नहीं दिया
अब वहाँ घूर डाल दिए हैं
कूड़े के ढेर पे
लाल कलगी वाला मुर्गा
दाना तलाशने को पंजे मारता है
ओह...चारों तरफ बुझी राख की ढेरियाँ हैं
उखड़े पलस्तरों के खुले जबड़े हैं
इतने दिनों में कोई खिला सिरस नहीं देखा
कोई ऊर्जा से भरा हाथ
अपने हाथ में नहीं ले पाया
देखता हूँ जाते हुए किसानों की
फटी एड़ियाँ, कठोर हाथ, सिर पे बोझ,
उनके घिसे नाखून
नगरपालिका की ढचरा गाड़ियों की
भद्दी आवाज़ें
यहाँ आदमी रहते हैं
तुम्हें चाहे यकीन न हो
नीचे उतर के आओ इस कूड़े-कचरे में
मैं जानता हूँ तुम नाक-भौं सिकोड़ोगे
यहाँ तुम्हारा पाँव खल्लड़ में गिरेगा
तुम्हें सब्र है मैं यहाँ हूँ

तुम्हारा जिस्म अब भी कसा है
आँखों में भरोसा
चारों तरफ कचरे के ढेर हैं
बेतरतीब उगी घासें
सूखी लकड़ियों का रट्ठ लगा है।

अरुण कमल

इस श्मशान पर

जहाँ कल पानी था मरने भर
वहाँ अब रेत है

कन्धे पर लाश है
नीचे गरम रेत
और पानी दूर
कन्धे छिल रहे हैं

ऐसे भी धार में जान नहीं
उधर एक धारा है भारी
फिर पार रेती जहाँ खूब
तरबूज हैं
किसे है याद कल यहाँ कितना पानी था
जहाँ डूबी थी नौका वहाँ
एक बच्चा छपकता दौड़ता जा रहा है
पानी के नीचे चमकता बालू

पर सूखी रेत पर चलते भी लगता है भय
याद आ जाती है बाढ़ की नदी

और चलो और
जहाँ कुछ पानी है वहीं उतारेंगे
वही है सबसे बढ़िया जगह इस श्मशान पर।

लीलाधर मंडलोई

उनका होना न होना

वनस्पतियाँ जो पीती हैं प्रखर प्रसन्न धूप
चिलकती हैं रात-अँधेरे इस हद तक कि
भूखा-भटका पशु जान लेता है उनका होना

हालाँकि इस तरह पा लेना कुछ किसी रात
होता जा रहा है विरल संयोग कि
न केवल आकाश, यहाँ तक भीतर कहीं
जड़ों तक पहुँच गए हैं उनके हाथ

सामने पहाड़ है लड़ता-बचाता अपने को भरसक
कोई शब्द अनुगूँज नहीं बनता कि
इतना नंगा-बूचा बचा हुआ आस-पड़ोस

न कोई बादल अपना
नदी जो है तो यहाँ सूखती कराहती
बची-खुची चिड़ियों की बची-खुची आवाज़
अन्तिम झरनों का सिसकता शोकगीत

ऐसा कुछ नहीं कि देखते भर पाँव दौड़ते फिरें
चाँद इतना मरगुल्ला कि
सारा पहाड़ अन्धकार का आकार जिसमें

कोई काली धुस्स आकृति कूबड़-सी बेचेहरा
फैलाए बाँहें डोलती उद्विग्न
मानो अंक में भर ले जाने को पहाड़
चीखती रह-रहकर—'ले उड़ूँगी एक दिन

छोड़ूँगी नहीं
न पेड़, न पहाड़, न नदी'
कि चीखता है इस चीख के बीच नगाड़ा
जिसमें से फूटते रोने के स्वर

नाचने-गाने का कोई स्वर नहीं
न ही पाँवों की थाप कहीं
निःशब्द खड़ा रह जाता
भूखा-भटका पशु सोचता

कुछ वनस्पतियाँ हैं कि चिलकती दीखतीं
दूर बहुत कि बची शायद कहीं
इतनी ज़रूर कि वह जान सके उनका होना न होना ।

राजेश जोशी

उमस

अगर एक मिनट भी और देर हुई होती
तो छूट ही जाती उस दिन कामायनी एक्सप्रेस!

इतना भी वक़्त नहीं था कि प्लेटफॉर्म पर हम
अपनी बोतलों में पानी भर पाते
उमस इतनी ज़्यादा थी कि सबके गले सूख रहे थे
और किसी के पास नहीं था एक घूँट भी पानी
खिड़की से चेहरा सटाए सब हवा के लिए बेचैन थे
गाड़ी ने रफ्तार पकड़ी तो सबने राहत की साँस ली
प्यास लग रही थी और थकान के चलते चाय की तलब भी
फिर सब भदोही के आने का इन्तजार करने लगे

आषाढ़ के बादल बिना बरसे ही इस बार
उत्तर भारत से फ़रार हो गए थे
मानसून से पहले की फुहारें भी इन इलाकों में नहीं पड़ी थीं
और चौपट हो चुकी थी सोयाबीन की सारी फसल
जिन खेतों के आस-पास नाले या नहरें थीं
वहीं बुआई हुई थी और भूले-भटके कहीं-कहीं कुछ हरियाली दिख जाती थी
ज़्यादातर खेतों में हल चल चुका था पर बीज नहीं छींटे गए थे

सावन का पहला सोमवार था
भीड़ से अँटी पड़ी थीं काशी विश्वनाथ के मन्दिर की सारी गलियाँ
बहुत लम्बा रास्ता तय करके आना पड़ा था हमें स्टेशन तक
धर्मप्राण काशी ने गड़बड़ा दिया था
हमारे समय का सारा गणित

दौड़ते-भागते भी लेकिन पकड़ ही ली थी हमने कामायनी एक्सप्रेस
सीट पर पसरते ही राहत की साँस ली थी सबने
और अब खिड़की के बाहर देखते हुए
भदोही के आने का इन्तज़ार कर रहे थे हम

तभी एक सूखे खेत की मेड़ पर खड़े बहुत सारे अधनंगे बच्चों ने
हमारी ओर देखकर अपने छोटे-छोटे हाथ हिलाए
और जोर से हँसे
जितनी हँसी उनके दाँतों पर थी
उससे कहीं ज़्यादा हँसी
उनकी आँखों में थी

अजीब दृश्य था
कि उस उन्मुक्त दूधिया हँसी के पीछे
दूर तक एक सूखा खेत था
साँवले से कुछ ज़्यादा गहरे थे उन बच्चों के चेहरे
और दूधिया से कुछ ज़्यादा उजली थी
उनकी हँसी

जाने क्या था उस हँसी में न जाने क्या कहता हुआ सा
कि मैं उस पल भूल गया उमस की सारी बेचैनी

लगा एकाएक
उतर गई जैसे सारी थकान!

हरीशचन्द्र पांडे

एक नदी सूख गई

'देखो यह नदी सूख गई'
अपनी तर्जनी बस से बाहर के दृश्यों की ओर दिखाते उसने कहा
नदी सचमुच सूख गई थी
अभी पिछले वर्ष तक पानी था इसमें

थी भी बहुत छोटी नदी यह
देश क्या प्रान्त क्या ज़िले के मानचित्र में भी
इस नाम की कोई पतली नीली लकीर नहीं थी

लेकिन थी तो ज़रूर
आगे चलकर एक बड़ी नदी की सहायक नदी से मिल जाती रही थी
वहाँ पर लग जाता रहा सौ-पचास लोगों का मेला

जैसी स्थानीय थी
इसके सूख जाने का असर भी स्थानीय है अभी
किसी बड़ी चीज़ से इसके सूखने को जोड़ेंगे तो हँसेंगे लोग अभी

अभी तो ये फूले गुब्बारे के बाहर रखी
एक सुई है

इसे अभी देख पा रहा है केवल एक पुल
जो बहुत बड़ा धोखा खा गए इनसान की तरह खड़ा है
अवाक्।

राग तेलंग

एक पेड़

एक पौधा लगाना
कई परिन्दों के लिए
बसेरे का इन्तज़ाम करना है

एक पत्ते को पुचकारने से
पूरे पेड़ को हौसला मिलता है

एक फूल को बालों में लगाने से
समूचे बगीचे को बचाने की चिन्ता के प्रति
यकीन झलकता है

एक फल को देखकर
अगर मुँह में पानी आए तो समझो
यह पेड़ का धन्यवाद कहते हुए
उपहार है तुम्हारे लिए

एक पेड़ की पड़ती हुई छाया
थकान के वक़्त के लिए
बिछाया हुआ कालीन है

एक पेड़ को बचा लेने से
एक हो सकने वाला
जंगल भी बचा रह जाता है।

कुँवर नारायण

एक हरा जंगल

एक हरा जंगल धमनियों में जलता है।
तुम्हारे आँचल में आग...
      चाहता हूँ झपटकर अलग कर दूँ तुम्हें
उन तमाम सन्दर्भों से जिनमें तुम बेचैन हो
और राख हो जाने से पहले ही
उस सारे दृश्य को बचाकर
किसी दूसरी दुनिया के अपने आविष्कार में शामिल
      कर लूँ

लपटें
एक नए तट की शीतल सदाशयता को छूकर
      लौट जाएँ।

श्रीप्रकाश शुक्ल

करुणा

नदी किनारे
एक अफ़सोस सी फैली है रेत

क्रोध लहरों के रूप में तैरता है नदी में
और थोड़ी विश्रान्ति की इच्छा से
नदी में करुणा उतर आती है

यह जो रेत है
असल में रेत नहीं है
नदी की करुणा है
जिसे नदी ने पुरखों के लिए छोड़ रखा है
अपने आँचल में।

गंगा प्रसाद विमल

काश! पेड़ों के पाँव होते

चलकर आता
मेरे आँगन का नारंगी पेड़
पीली उजास लिये
छतनार छाया
हर वक्त रहती साथ
कितना जलता सूरज
ईर्ष्या में
        बादलों को झिंझोड़ता
ऊपरी तल्लों पर
रहनेवाली सुन्दरियों के साथ
कृष्णवत् व्यवहार करता
        पेड़ों को पाँव होते
तो क्या कोई उन्हें काटता ?
सब जगह रहते थे
रेगिस्तान कहाँ रहता ?
        पेड़ों के पाँव होते तो
होती कितनी कथाएँ-
कविताएँ
और बदल गई होती
यह दुनिया।
वे चल नहीं सकते
अपाहिज
उन्हें काटते हैं लोग

उन्हें काटते हैं लोग
तो काट देते हैं

पक्षियों के आवास
प्रकृति का सदाबहार
यौवन
काट देते हैं लोग
स्मृति
और सरहद रेगिस्तान की।

लीलाधर मंडलोई

कि जान पाते रहस्य हम

सपने में जब कभी पहुँचता हूँ
आकाशगंगाओं के बीच
देखता हूँ अपनी धरती पूरे मन से
कि इस तरह देखना वैसे मुहाल

दूर तक फैला एक रंग पानी का
जैसे मेरी हड्डियों पर बहता यह
दौड़ता ऊतकों में जादू-सा
कि अब कितना चमत्कार सचमुच

देखते हुए सगों और पुरा-परोसियों को
और दूर-दराज़ पानी के लिए डीपते लोगों को
एक रोज़ उतरता हूँ सपने से बाहर
पानियों की एक किताब में

लिखा इस किताब में पहले सफ़े पे
शुद्ध पानी की कुल मात्रा ढाई प्रतिशत
मनुष्य का हिस्सा जिसमें कुल एक
और उसमें भी ढेर-सा अशुद्ध
दिलचस्प ये कि उसमें भी कितना पहुँच से दूर

दौड़ता हूँ बेतहाशा कि बचा लूँ
कि जो हिस्से में होता हुआ भी नहीं
पहुँच के देखता हूँ कि जिनके क़ब्ज़े में वह
उनकी आँखों का पानी इतना मरा
कि ज़हर बुझे नीले कच्च से अधिक

उन्हीं के पास डब्ल्यू.एच.ओ. की वह रपट
जिसे चोरी से पढ़ के जाना मैंने
कि मृत्यु की सबसे अधिक आशंका
आनेवाली सदी में
पानी के अशुद्ध होने या न होने से

इससे पहले कि जान पाते रहस्य हम
दुनिया भरने लगी बोतलबन्द पानियों से
कि इसमें इतना अधिक मुनाफ़ा
और सब विकल्पहीन इतने

मेरी देह को चाहिए सात गुना पानी
और किसी भी तरह का
पानी की कमी का कोई ऐलान
या कि उसके अशुद्ध होने का ख़तरा
कर सकता है मुझे इतना व्यग्र
कि मैं दौड़ पड़ूँ शुद्ध पानी की सिम्त

मेरी इसी कमज़ोरी का लाभ
उठा रहे हैं बहुराष्ट्रीय सेठ
मैं काट के दूसरों का पेट
दौड़ता हूँ बोतलबन्द पानी की तरफ़ और
किसी-न-किसी की मृत्यु का कारण बन जाता हूँ।

राजेश जोशी

किस्सा तालाब का

मैंने मिनरल वाटर की एक बोतल खरीदी और एक अखबार
और प्लेटफॉर्म पर लगी एक बेंच पर बैठ गया

कोशिश की, बहुत कोशिश की पर उसे जल कह सकने का
पवित्रा भाव जागा ही नहीं मन में
और पानी कहता तो गुस्ताखी होती उसकी शान में
पीने से कुछ होंठ गीले हुए कुछ गला तर हुआ
पर आत्मा जरा भी नहीं भीगी

वह फ़क़त पानी नहीं था
कि जिसे पी-पीकर किसी को कोस लेता
उससे मुँह धोना सम्भव था, न कुल्ला करना
वह खरीदा हुआ था और महँगा भी
उसका हर घूँट हलक से उतरते हुए
एक सिक्के की तरह बजता था

अखबार में तालाब के लगातार सूखते चले जाने के
कुछ रंगीन चित्र थे
हाय! एक पराए शहर के प्लेटफॉर्म पर इस दृश्य ने
मुझे कहीं का नहीं छोड़ा
अब किसी के सामने किस मुँह से डींग हाँकता
अपने शहर के तालाब की?
बस इतनी गनीमत थी
कि आदमी तो आदमी जान-पहचान का कोई परिन्दा भी
नहीं था आस-पास

तालाब के बीच एक जज़ीरा-सा था
जिस पर एक सूफ़ी फ़क़ीर शाह अली शाह का तकिया था
और जहाँ हम अकसर ही नाव से जाया करते थे
तालाब उस जज़ीरे तक सूख चुका था
और दूर तक पपड़ाई हुई ज़मीन नज़र आ रही थी चित्र में
लोग पैदल चलकर जा रहे थे उस टापू तक
एक मेला-सा लगा था सूखे तालाब में
तले हुए पापड़ और हलुआ बिकता था
नातिया क़व्वाली गाई जा रही थी मज़ार के पास
अख़बार में तफ़सील से बयान किया गया था सब कुछ

उस सूफ़ी फ़क़ीर के बाबत गज़ेटियर और इतिहास की किताबों में
बहुत ज़्यादा जानकारियाँ नहीं थीं
एक क़िस्सा लेकिन शहर के पुराने बाशिन्दे अकसर बयान करते थे :
कि नवाब यार मोहम्मद ख़ाँ की निकाहशुदा बेगम
जिन्हें माँजी मामोला कहा जाता था
रियासत की गरीब रिआया में बहुत लोकप्रिय थीं
उन्होंने इस्लाम नगर में बनवाई थी एक बहुत बड़ी बावड़ी
और आसमान से चाहे आग बरसे पर उसका पानी
कभी सूखता नहीं था

मामोला बाई जिन्हें प्यार से सब माँजी साहब कहते थे
एक बार ऐसी बीमार पड़ीं
कि रियासत के सारे हकीमों और वैद्यों ने
जवाब दे दिया एक दिन
तब हज़ार मुँह और दस हज़ार कानों से होती वह बात
सूफ़ी फ़क़ीर अली शाह को पता लगी एक दिन
तो अली शाह ने आसमान की तरफ़ हाथ उठाए और कहा
लाख मर जाएँ पर लाखों को पालनेवाला सदा जीता रहे!
और अपनी उम्र के दस साल माँजी साहब के नाम कर दिए
फिर अली शाह ने अपने लिए कफ़न मँगवाया
और अपने हुजूरे में जाकर कफ़न ओढ़कर सो गया

एक ताँता-सा लगा था उस सूफ़ी फ़क़ीर की मज़ार पर
लोग पानी की दुआएँ माँग रहे थे

मैं अखबार में छपे फोटो को देखता और ख़बर पढ़ता
बीच-बीच में पपड़ा जाते ओठों को मिनरल वाटर से
गीला कर रहा था

मैं दहशत से भरा एक सूखे तालाब में चल रहा था
मेरे जूतों के नीचे चिन्दी-चिन्दी होता
कराह रहा था अखबार
मेरे अन्दर कोई पूछ रहा था लगातार
कब, कब वह पानी देखूँगा
जिसे पानी कहने की तसल्ली हो
और जल कहने से मन भीग जाए!

सदानन्द शाही

कुएँ

पृथ्वी के अन्तःकरण की तरलता के
आख्यान थे

वे हमारी प्यास बुझाते थे
अन्तःकरण की गहनता और शीतलता का भान कराते थे
धीरे-धीरे सूखते गए
मुहल्ले के कूड़ेदान बने वे

अब भठाए जा रहे हैं कुएँ

अन्तःकरण का आयतन संक्षिप्त[1] था
अब संक्षिप्त से संक्षिप्ततर होता जा रहा है।

1. मुक्तिबोध की पंक्ति।

सदानन्द शाही

कुएँ सूखते चले गए

कुएँ सूखते चले गए
तालाब हुए गायब
नदियाँ तेजी से बदलती गई हैं
जहरीले नालों में
आख़िर पहाड़ों से झर-झर झरता पानी
कहाँ चला गया
क्या सात समन्दर पार से आई बोतलों में भर गया है
या फिर
हमारे देश का पानी मर गया है।

लीलाधर जगूड़ी

कूड़मग़ज़ धरती

कल का कूड़ा इतिहास में बदल गया है
आज का इतिहास कूड़े में
एक दिन समय और संस्कृति की पहचानवाले आएँगे
और इस कूड़े में से कुरेदकर दिखाएँगे कोई एक युद्ध
जिसे वे बताएँगे कि यह महायुद्ध था

जबकि जो लड़ रहे थे वे समझ नहीं रहे थे
ये ढूँढ़कर दिखाएँगे कोई जर्जर ममता
और थर-थर काँपती मानवता की अनन्त क्रूरता भी

इस कूड़े में से ये बीनकर लाएँगे
कोई अत्याधुनिक ध्वस्त नगर
और बताएँगे कि इतिहास में वह असल में था कहाँ पर

धरती के किसी कूबड़ से
निकल आएगा एक जनपद
हथियारों और भाँडे-बर्तनों के साथ
किसी पेड़ का ठूँठ जैसा निकल आएगा
एक पाँच फीट लम्बा जूता
तब तलाश होगी एक पाँच फीट लम्बे पैरवाले
मानव कंकाल की जिसे यह पहनाया जा सके

देखिए वर्तमान में कितने सारे काम हैं
इतिहासवेत्ताओं और पुरातत्त्वविदों के पास
इतिहास से बाहर जिस जल्दबाज़ आदमी की जीभ

रोज़ गरम चाय से जल जाती है
वह भी कहता है कि इतिहास बना रहा हूँ मैं

अपनी जली हुई जीभ और दुखते हुए कंठ को
अविलम्ब समय में वह पाता है अपने को विलम्ब से

तब तक चारों ओर फैल जाती है ढेर सारी भागम-भाग
और ढेर सारी कूड़ता
इतिहास के सीमान्त पर जो संगीतकार हैं
मोहल्ले के गुमशुदा नुक्कड़ पर
उनका स्वर सारे मोहल्ले और मानवजाति के
ढेर पर से लहराता हुआ रोज़ उड़ जाता है

पूरे कूड़े में कभी नहीं पाया जाएगा वह स्वर
जब पाया जाएगा कोई स्वर
तब पहले एक फीता पाया जाएगा
या प्लास्टिक का कोई चूड़ीदार टुकड़ा
जिनमें चिपकी हुई सड़ रही होंगी
कई ऐतिहासिक आवाज़ें

और यह कूड़मग़ज़ धरती
एक दिन सारे स्वर। सारे शब्द। सारे स्वाद
फिर से सम्भव कर देगी
कृपापूर्वक इतिहासकारों का आँगन
अपने पार्थिव यश से पाटते हुए
फिर से कल का कूड़ा इतिहास में
और आज का इतिहास कूड़े में धर देगी।

बलदेव वंशी

कूड़ा-कचरा और कोंपलें

बहुत-सी चीज़ें थीं वहाँ
मिट्टी के ढेर के नीचे, दबीं
वर्षों से। समय की परतों को
हटाने पर देखा—

महानगरीय कचरे में
महाभूतों के ऐसे-ऐसे सम्मिश्रण
नए सभ्य उत्पाद—रासायनिक
और पॉलिथीन—
धरती पचा नहीं पाई
इस बार। इत्ते वर्षों बाद भी
असमंजस। असमर्थता। अपमान में
अपना धरती होने का धर्म
निभा नहीं पाई...

आँखों के सामने से बुहारकर
हटा दिए जाने पर भी, कूड़ा
कूड़ा ही रहता है। कचरा
कचरा...

मनुष्य-जीवन के आधुनिक
आयामों के सामने
लज्जित थी धरती

हाँ!
इतना ज़रूर हुआ

कि उस ठिठकी हुई धरती पर उठे
मिट्टी के ढेर पर
अब कुछ कोमल कोंपलें
सगर्व लहरा रही थीं...

नवल शुक्ल

खड़े-खड़े देखेंगे

धीरे-धीरे इतनी घूमेगी पृथ्वी
कि पता नहीं चलेगा
चौंककर जागेंगे हम
देखेंगे घर के बाहर
सूरज की पहली किरणों में
चमचमाता खेतों में खड़ा
विशाल क्रेन।

खड़े-खड़े देखेंगे
खेतों में बनते
बड़े-बड़े पहाड़
कहीं दूर जाते खनिज
गिने-चुने पेड़
असमय उड़ती चिड़ियाँ।

धीरे-धीरे इतनी घूमेगी पृथ्वी
कि पता नहीं चलेगा
कब सो गए हम
क्यों बाँधी गई नदी
पन्द्रह गाँवों के लिए
और डूब गए छह गाँव।

धीरे-धीरे इतनी घूमती रही पृथ्वी
कि पता नहीं चला
बहिंगा-काँवर कन्धों पर लादे
कहाँ गए लोग

यहाँ अब तक खड़े हैं खेतों में
बड़े-बड़े पहाड़
जलमग्न गाँवों के रास्तों पर
हिलती हैं संगीत की लहरें
इस पार से उस पार तक
बिलकुल चुपचाप
रोज़ जाता है चाँद।

रामदरश मिश्र

खाली प्लॉट

खाली पड़ा है प्लॉट मेरे मकान की बगल में
व्यापारी मालिक न इसे बेचता है
न मकान बनवाता है
इन्तज़ार कर रहा है क़ीमत और...और बढ़ने की :
मेरे मकान के कारण
इसकी क़ीमत बढ़ती ही जा रही है।

सब्ज़ीवाले
इसमें अपनी सड़ी सब्ज़ियाँ फेंक जाते हैं
जमादारों को
मोहल्ले भर का कूड़ा लेकर
अब दूर नहीं जाना पड़ता
आस-पास की गृहिणियाँ डाल जाती हैं
अपने शरीर से लेकर घर तक का कचरा
चूहेदानियों के मुँह यहीं खुलते हैं :
कुत्ते हों या आदमी
सभी आते-जाते यहाँ हलके हो लेते हैं।

रोज़ पढ़ता हूँ पर्यावरण पर भाषण इनका-उनका
कितने ही सरकारी फ़रिश्ते यहाँ से गुज़रते हैं
और उन्हें पर्यावरण की चिन्ता सताती है संसद-मार्ग पर
मैं असहाय आँखों से देखता हूँ इसे
और इन्तज़ार करता हूँ पर्यावरण के किसी मसीहा का।
मोहल्ले भर के आवारा पशु
रोज़ यहाँ आते हैं
लड़ते हैं, झगड़ते हैं

और साफ़ करते रहते हैं—
सड़ी सब्ज़ियाँ
बासी सड़ा खाना

प्लास्टिक के लम्बे-लम्बे बोरे पीठ पर लादे
मैल से चीकट औरतें और बच्चे
रोज़ आते हैं इस कूड़ाखाने में
उनकी बुझी आँखों में
एक उल्लास चमक उठता है
और भर जाती हैं उनके बोरे में
कितनी ही मूल्यवान चीज़ें—
रद्दी काग़ज़, प्लास्टिक की थैलियाँ
लोहे के टुकड़े
फटे जूते...

कुत्ते भूँकते रहते हैं
और मैं इन्तज़ार कर रहा हूँ
पर्यावरण के किसी मसीहा का...।

राज्यवर्द्धन

खो जाएगा एक दिन धरती का संगीत

अब
भरतपुर में
साइबेरियाई सारस नहीं आते
सर्दियों में
आँगन में फुदकनेवाली
गौरैया भी
न जाने कहाँ चली गई है
रूठकर
मृत जानवरों को खाकर
पर्यावरण को शुद्ध करनेवाले
गिद्ध भी हैं—
विलुप्त होने के कगार पर
मसूरी की पहाड़ियों में
पर्वतीय बटेर भी
अब नहीं दिखते
तुम्हारी अति सन्तृप्त वासना ने
बढ़ा दिया है—
पृथ्वी का तापमान
घातक हो गई है—
प्राणवायु
दूभर हो गया है जीवन—
जीव-जन्तुओं और वनस्पतियों का

सोचा है कभी तुमने
ख़ूबसूरत पंखोंवाली चिड़ियों के बिना
पृथ्वी कितनी रंगहीन हो जाएगी
...और खो जाएगा एक दिन
धरती का संगीत!

अरुण कमल

गंगा को प्यार

देर तक बैठा रहा
गंगा किनारे

ग्रीष्म का नीला आकाश
कुछ ज्यादा ऊपर उठा हुआ
और हवा बस इतनी कि
भरा लगे सब कुछ

दूर एक फूल हुआ पाल
जैसे शेष हवा ने लिया हो आसरा वहीं।

कभी-कभी कोई पक्षी
जल की सतह को लगभग
छाती से छूता निःशब्द
मुड़ता है वापस,
कोई गाय, सँभलकर
पाँव टिकाती
उतरी जल पीने
और नथनों के नीचे
हिल गई गंगा!

असम्भव
असम्भव है सोचना—
जिनकी मिट्टी गंगा-पानी से गुँथी है
उनके लिए असम्भव है सोचना कि एक दिन
गंगा के ऊपर उड़ता हुआ पक्षी

विष की धाह से झुलस जाएगा
कि एक दिन गंगा
नहीं रहेगी और फिर गंगा—
वे रख आए हैं गंगा के द्वार पर विषपात्र।

षड्यंत्र
गंगा के साथ भी षड्यंत्र
हिमालय के साथ
पृथ्वी नक्षत्र समस्त मंडल के साथ

ओ विराट् गंगा
ओ माँ के दूध में बसी हुई गंगा
तुम्हारे ही किनारे शुरू हुआ जीवन
पहला स्नान यहीं हुआ
अन्तिम स्नान भी यहीं
तुम्हीं रहीं प्रवाहित आदिमानव से
आज तक
अनन्त धमनियों में
विशाल आँख-सी तुम्हीं रही देखती
हमारे सारे सुख-दुख,
ओ विराट् गंगा
जीवन का अनन्त सूत अजस्र
गुँथता रहे तुममें हर वृक्ष का
हर पुष्प निर्बाध!

आज मैंने जाना
जो आदमी को प्यार नहीं करते
उनकी कोई गंगा नहीं
कोई मातृभूमि नहीं
कोई अपना तारा नहीं।

बद्री नारायण

गर्मी

आया सावन
फिर भी इतनी गर्मी क्यों है धरा पर
क्या पृथ्वी के बनानेवाले तत्त्वों में
मच गया है कुहराम
कि आजकल अणुओं के बीच भी गोलबन्दी तेज़ हो गई है
कि यह अणुओं के अन्याय के ख़िलाफ़ ही
एक सीमा से ज़्यादा बढ़ गए परमाणुओं के क्रोध का नतीजा है
कि पृथ्वी के नीचे सर्पों की फुफकार का है यह एक
प्राकृतिक परिणाम
कि पृथ्वी पर खूनी प्रतीकों की सत्ता के अश्वटापों से डर
ताजा हवाएँ न जाने कब से उठकर आकाश चली गई हैं
जो बीच-बीच में चल रही है खुली हवा
वह भी अन्यायों की दहकती अग्नि से होकर झुलसती हुई आ रही है
कि जल-जलकर क्षार होते जा रहे हैं मानवीयता के नाभिकुंड
कि प्रभावी होते जा रहे अन्यायों के शक्ति कुठारों से
भविष्य में बदलाव की सम्भावना भी मरती जा रही है
मैंने सोचा था कि अगली सुबह आएगी तो मिलेगी थोड़ी मुक्ति
पर उफ्! आधिपत्य के प्रतीकों से मुझे नहीं मिल रही है निजात,
या कि मैं ही होता जा रहा हूँ निराश
कि इस गर्मी ने सचमुच मेरे स्वप्न पंखों को कर डाला है पुरछार
कभी किसी की बात मैंने पढ़ी थी कहीं किताब में
कि जब पृथ्वी पर बढ़ती है मज़लूमों की हाय तो गर्मी बढ़ जाती है
कि जब धरा का अक्षयिनी अमृत कुंड भी पूरी
तरह सूख जाता है
कि जब कल्पनाओं में मर जाते हैं उछाल
मन में प्रतीक मर जाते हैं

कि जब विचार, बसन्त और नियोजन के केन्द्र में जमकर बैठ जाते हैं अमीर-उमराव
और ग़रीब-गुरबा उसकी परिधि से भी बाहर
ढकेल दिए जाते हैं
सृष्टि में इतनी बड़ी घटना घट जाती है
और कहीं से कोई भी आवाज़ नहीं आती है
तो धरा पर भयानक उमस वाली गर्मी बढ़ जाती है
मैं इस गर्मी की बहुलता को अनदेखा न करते हुए
यह भी कहना चाहता हूँ श्रीमान्
कि गर्मी इसलिए भी बढ़ जाती है
कि कन्त नहीं आते परदेस से
मेरे लिए तो गर्मी इसलिए भी बढ़ती है कि
आकाश के कई विप्लवी तारे
एक नहीं हो पाते
और सारी आकाशगंगाएँ मिलकर भी
इस आकाश का रंग बदल नहीं पातीं।

कैलाश वाजपेयी

गेहूँ

ओ मेरे जन्मदाता
मैं हरा गेहूँ
दूध भरा
मेरी यह विनती है
जब मैं पक जाऊँ
और बने रोटी
यह मेरी काया
मैं किसी शराबी
अघाए अय्याश की
आँत में न जाऊँ
किसी फटेहाल थके
पेट की
जलती भट्ठी में
स्वाहा होता हुआ
तृप्ति की
धुन गुनगुनाऊँ
वही मोक्ष सही
मोक्ष होगा
मेरे सुनहरे विकास का।

जितेन्द्र श्रीवास्तव

गोर्रा नदी

गोर्रा नदी पूरे उफान पर है!
दूर-दूर तक पानी ही पानी
और किनारे से टकराती लहरें
काँप जाते हैं हृदय के तार
देखकर टूटते हुए अड़ार

लोग कहते हैं नदियाँ बरसातों में
नैहर करने आती हैं

खुली जुल्फ़ें, सिर से गिरा आँचल
न कोई रोक-टोक न लाग-लपेट
चैत-वैशाख के पछुआ की तरह
बहती हैं नदियाँ

लोग बैठकर बतियाते रहे पंचायत पर
अबकी टूट गया जो बाँध
टूट जाएगी कमर किसानों की
बदा नहीं होगा भात किसी को

कितनी भर्ती लगाया
रोपिया कराया, सोहनी कराया
फिर भी नहीं जा पाएगी सानी
बैलों की नाँदों में

अबकी जाँतों में नहीं पिसा पाएगा मक्का
नहीं बन पाएँगी बाजरे की रोटियाँ

परियार साल टूटा ही था सपना
कुछ नहीं आया था किसी के घर
इधर के पचास-पचपन गाँवों में
'सेई' उल्टी ही रखी गई

पानी सूखने के बाद भी
मटियारों में बचा रह गया बालू
सीने पर मूँग दरने के लिए

बड़े-बुजुर्ग कहते हैं
पहले भी आती थी बाढ़
पर एकाध साल आँतर करके

अब तो गुजरी नदी
हर साल चुनरी खोल देती है

इस साल नहीं फूटा बाँध
तब फसलें अच्छी होंगी
कोई नलकूप से काम चला लेगा
कोई ढेकुल और हाथे से
सींच लेगा फसलों को

बीच-बीच में साथ रहा जो बरसात का
तब सोने में सुहागा
नहीं तो इस देश में किसान
पहले से है घोषित अभागा

लोग सोच रहे हैं
कातिक के पहले आ जानी चाहिए हराई
बैलों की देह में
वरना नहीं खींच पाएँगे वे लोहड़ी का जोर
हलका नहीं होता जुआठ का बोझ
और चीरना धरती की छाती को

गाँव में औरतें कर रही हैं सफाई
चढ़ाने के लिए काली जी को कड़ाही
ताकि कूट सकें ढेंके में भुजिया धान
और ओखल में छाँट सकें रहिला की दाल

इधर गोर्रा नदी पूरे उफान पर है!

मैं जब भी आता हूँ
सुबह-शाम नदी की ओर
देखता हूँ लहराती नदी को
लगता है जैसे डसकर
उलट गई हो कोई नागिन
जो बहुत तेज भागेगी अभी बल खाकर।

मंगलेश डबराल

घटती हुई ऑक्सीजन

अकसर पढ़ने में आता है
दुनिया में ऑक्सीजन कम हो रही है
कभी ऐन सामने दिखाई दे जाता है कि वह कितनी तेज़ी से घट रही है
रास्तों पर चलता हूँ खाना खाता हूँ पढ़ता हूँ सोकर उठता हूँ
तो एक लम्बी जमुहाई आती है
जैसे ही किसी बन्द वातानुकूलित जगह में बैठता हूँ
उबासी का एक झोंका भीतर से बाहर आता है
एक ताक़तवर आदमी के पास जाता हूँ
तो तत्काल ऑक्सीजन की ज़रूरत महसूस होती है
बढ़ रहे हैं नाइट्रोजन सल्फ़र कार्बन के ऑक्साइड
और हवा में झूलते हुए चमकदार और ख़तरनाक कण
बढ़ रही है घृणा, दमन, प्रतिशोध और कुछ चालू क़िस्म की ख़ुशियाँ
चारों ओर गर्मी स्प्रे की बोतलें और ख़ुशबूदार फुहारें बढ़ रही हैं

अस्पतालों में दिखाई देते हैं ऑक्सीजन से भरे हुए सिलिंडर
नीमहोशी में डूबते-उतराते मरीज़ों के मुँह पर लगे हुए मास्क
और उनके पानी में बुलबुले बनाती हुई थोड़ी-सी प्राणवायु
ऐसी जगहों की तादाद बढ़ रही है
जहाँ साँस लेना मेहनत का काम लगता है
दूरियाँ कम हो रही हैं लेकिन उनके बीच निर्वात बढ़ते जा रहे हैं
हर चीज़ ने अपना एक दड़बा बना लिया है
हर आदमी अपने दड़बे में क़ैद हो गया है
स्वर्ग तक उठे हुए चार-पाँच-सात सितारा मकानात चौतरफ़ा
महाशक्तियाँ एक लात मारती हैं
और आसमान का एक टुकड़ा गिर पड़ता है
ग़रीबों ने भी बन्द कर लिये हैं अपनी झोंपड़ियों के द्वार

उनकी छतें गिरने-गिरने को हैं
उनके भीतर की ऑक्सीजन वहाँ दबने जा रही है

आबोहवा की फ़िक्र में आलीशान जहाज़ों में बैठे हुए लोग
जा रहे हैं एक देश से दूसरे देश
ऐसे में मुझे थोड़ी ऑक्सीजन चाहिए
वह कहाँ मिलेगी
पहाड़ तो मैं बहुत पहले छोड़ आया हूँ
और वहाँ भी वह सिर्फ़ कुछ ढलानों-घाटियों के आस-पास घूम रही होगी
जगह-जगह प्राणवायु के माँगनेवाले बढ़ रहे हैं
उन्हें बेचनेवाले सौदागरों की तादाद बढ़ रही है
भाषा में ऑक्सीजन लगातार घट रही है
उखड़ रही है शब्दों की साँस।

गोविन्द मिश्र

घाटी

घाटी
पहाड़ों के पैरों तले पड़ी
नदी के सूखे रास्ते में
कंकड़-पत्थर,
इधर-उधर लावारिस पड़ीं
छोटी-बड़ी चट्टानें
गुज़रते रास्ते,
टीन की छतों पर धूल,
लबालब भरी ख़ूब चटख धूप!

ऊपर
धुन्ध में डूबी गंजी पहाड़ियाँ
इधर एक बासी बस्ती
दाईं ओर
सीधा उठता हिल स्टेशन का पहाड़
जिसकी छाया में
घाटी और फीकी हो जाती है।

फिर भी घाटी!
तुम सुन्दर हो—
क्योंकि सब कुछ धारण करती हो
पहाड़ों के नीचे
बहता आता कूड़ा-कबाड़ा भी
शाम जब धूप खिंचकर
पहाड़ी की चोटियों पर चली जाती है
अँधेरे को पहले तुम्हीं छाती से चिपकाती हो,

तभी खिल उठते हैं
रोशनियों के सितारे
जिन्हें ऊपर से सैलानी
तुम्हारे ऊपर बिछा देखते हैं
जल्दी ही भर उठेगी यह नदी भी,
पहाड़ों का पानी
उतरकर यहीं आएगा
कलकल बहेगा

हर तरफ़ से तब लोग
इस नदी को, तुम्हें निहारेंगे

भले ही जाते हों लोग पहाड़ों पर
नज़रें होती हैं घाटी पर।

केदारनाथ सिंह

घोंसलों का इतिहास

मैं उसे एक पेड़ के नीचे से
उठाकर लाया था
जहाँ गिरा पड़ा था वह
मैंने अन्दर छुआ
वह अब भी गरम था
शायद वह माँ की कोठरी थी
जो कि शुरू में ही थी
जहाँ पाँच-सात रोएँ अब भी चिपके थे
शायद कोई शिशु डैना अभी-अभी गया था उड़कर

अब एकदम खाली
और अपने में सम्पूर्ण एक घर था वह
आदमी के घर का एक भूला हुआ पूर्वज
एक अद्‌भुत नमूना
किसी पक्षी की वास्तुकला का

सोचने लगा मैं
क्या मिलता है किसी पुस्तकालय में
घोंसलों का इतिहास?
कब
कहाँ
कौन-सा पक्षी था वह
जिसने नींव में रखा था पहला तिनका?

कौआ वह हो नहीं सकता
वह तो शुरू से ही घोंसला-विरोधी है
और तोता?

उसे तो शायद उसकी उड़ान के पहले दिन ही
डाल दिया गया था किसी राजा के पिंजड़े में
रहा कठफोड़वा
पर वह तो सीधे पेड़ के सीने में
सेंध लगाता है
और वहाँ भी रह लेता है ठाट से
हाँ—बया पर बात कुछ टिकती ज़रूर है
पक्षियों की दुनिया में ताजमहल बनाने की दुर्लभ तकनीक
सिर्फ़ उसी के पास है
पर जो भी हो
सच यही है कि बाज़ार में मिलते नहीं घोंसले
वहाँ सिर्फ़ पिंजड़े मिलते हैं
इसलिए टूट जाने के बाद उन्हें हर बार बनाना पड़ता है नए सिरे से
उतने ही धीरज
और शायद उससे भी ज़्यादा जोखिम के साथ

मैंने कोशिश बहुत की
पर अन्ततः पाया कि पहली चोंच
और पहले तिनके की उस पहली भेंट तक
कोई रास्ता नहीं जाता
किसी पुरातत्त्ववेत्ता ने देखा ही नहीं
कभी उस तरफ़ मुड़कर

पर सोचता हूँ क्या राष्ट्रों के इतिहास की तरह
अलग-अलग होता है घोंसलों का इतिहास भी ?
कितना अलग होता है एक नाइजीरियाई
बगुले का खोंता
भारत के बगुले से ?
ईरानी अबाबीलें
जब किसी घोंसले के बन जाने का
मनाती हैं जश्न
तो क्या पहुँचता नहीं न्योता
मंगोल अबाबीलों को ?

घोंसलों का इतिहास
एक गहरे शोध और अध्ययन का विषय है
पर मुझे डर है कि रख दो कोर्स में
तो दुनिया के सारे घोंसले
भहराकर गिर पड़ेंगे!

इसलिए अच्छा यही होगा
कि घोंसलों को छोड़ दिया जाए पेड़ पर ही
जहाँ अपनी छोटी-सी गरिमा में
झूलते रहें वे
इतिहास के दूसरी तरफ़!

प्रदीप नवीन

चर्चा करते परिन्दे

पर्यावरण की चिन्ता में
सारा जग है लीन,
और विनाश के देख रहा
कैसे-कैसे सीन।
सड़कों पर तो बिछा रखी
मोटी सी सीमेंट
वर्षा से बचने की खातिर
तान दिए हैं टेंट।
सपनों में ही ढूँढ़ रहे हैं
हम हरियाली,
किस दुकान किस भाव मिलेगी
अब खुशहाली।
मत पूछो कि हाथ हमारे
कितने हो गए दक्ष,
एक वार में काट के रख दें
सम्मुख जो हो वृक्ष।
चर्चा करते नीलगगन में
सभी परिन्दे,
कहाँ से आ गए शहर गाँव में
इतने दरिन्दे।
जुगनू निकला ढूँढ़ने
तितली, भ्रमर के गीत,
पत्ते झड़ गए शाख से
कौन फूल का मीत?

बद्री नारायण

चिड़ियों के निष्कासन के ख़िलाफ़ एक बयान

कितनी तेज़ी से
कविताओं से चिड़ियाँ गायब होती गई हैं

कितनी तेज़ी से गायब होते गए हैं
कविताओं से पेड़
मैं हतप्रभ हूँ देखकर
कि कितनी तेज़ी से ग़ायब हुए हैं कविताओं से
पोखर और तालाब
मैं आज तक यह समझ नहीं पाया
कि क्यों कविताओं से ग़ायब होता गया है
ग़रीब–गुरबा आदमी
हाल के सालों में जिन–जिन ने लिखी हैं
गरीबी पर कविताएँ
वे क्यों देशनिकाला काट रहे हैं
कोई कलप–कलप कर रहा है गुज़ारा
कई को गुमनाम होना पड़ा है
कई को नदी में डूबकर करनी पड़ी हैं आत्महत्याएँ
लेकिन ये जो दिख रहे हैं ग़रीबी के ख़िलाफ़ सनातन संघर्ष में लिप्त
ये कौन लोग हैं
खाए जा रहा है मुझे यह सवाल
मैं पीछे का इतिहास उलटकर देखता हूँ
देखिए,
कितनी तेज़ी से खारिज हुई हैं
कविताओं से माँ और प्रेमिका की यादें
अब ठीक से याद नहीं कि
कब से हुआ

सत्तर के दशक से या अस्सी से
कविता के इतिहास में आ गया एक ऐसा मोड़
कि मध्यवर्गीय इच्छाओं के ख़िलाफ़ प्रतिरोध
लगभग असम्भव-सा हो गया
छा गईं ए.सी. की टिकटें, छा गया हिन्दी कविताओं का
विदेशी भाषाओं में भदेस अनुवाद
चुप्पी, चीख, सिसकी, गान
कविताओं में सारे भाव व्यर्थ हो गए
न जाने भाषा अन्धी हुई
कि प्रतीक बहरे
कि पाठक ही गूँगे हो गए
या हिन्दी समाज को लग गई सुनबहरी
कितनी तेज़ी से कविताओं में सब कुछ बेअर्थ होने लगा है
यह ज़रूर इस सभ्यता का सर्वग्रासी संकट है
कि शब्दों से अलग हो गए हैं भाव।

कैलाश वाजपेयी

जंगल की आवाज़

तुम्हारी नासमझी से लगातार नष्ट होता
सुनो! मैं जंगल बोल रहा हूँ
पृथ्वी की कोख से मिट्टी तोड़कर
मैं अपने-आप जन्मा था
मेरे इस छाया-राज्य में अनगिन जीवधारी पलते हैं
सबके अपने-अपने संघर्ष
सबका अपना-अपना संसार है
सबको शरण देना मेरा स्वभाव है
मैं बुलाता हूँ तब बादल आता है
तुम्हारे खेतों में अन्न मेरी वजह से होता है
मेरे ही फल-फूलों के रस से
तुम्हारे चेहरे पर ललाई है
क्या-क्या नहीं दिया मैंने, क्या-क्या नहीं
देता हूँ
और तो और, मेरी ही दी हुई साँस तुम लेते हो
यह जो सुबह-सुबह पढ़ते हो तुम
मेरी ही खाल है
यह जो तुम्हें रात-दिन घुमाते-झुलाते हैं
ये पहिए मेरी ही छाती का ख़ून हैं
तेज़ धारवाले औज़ार से
तुम जो मेरा वध कर रहे हो
तुमको नहीं पता दरअसल
तुम आत्मघात कर रहे हो।

वीरेन डंगवाल

फ़रमाईशें

कुत्ते मुझे थोड़ा सा अपना स्नेह दे
गाय ममता   भालू मुझे दे दे यार,
शहद के लिए थोड़ा
अपना मर्दाना प्यार
भैंस दे थोड़ा बैरागीपन   बन्दर फुर्ती
अपनी अक्ल से मुझे बख़्शे रखना सियार।

कुँवर नारायण

जंगली गुलाब

नहीं चाहिए मुझे
कीमती फूलदानों का जीवन

मुझे अपनी तरह
खिलने और मुरझाने दो
मुझे मेरे जंगल और वीराने दो

मत अलग करो मुझे
मेरे दरख्त से
वह मेरा घर है
उसे मुझे अपनी तरह सजाने दो,
उसके नीचे मुझे
पँखुरियों की शय्या बिछाने दो

नहीं चाहिए मुझे किसी की दया
न किसी की निर्दयता
मुझे काट-छाँटकर
सभ्य मत बनाओ

मुझे समझने की कोशिश मत करो
केवल सुरभि और रंगों से बना
मैं एक बहुत नाजुक ख्वाब हूँ
काँटों में पला
मैं एक जंगली गुलाब हूँ।

एकान्त श्रीवास्तव

ठंडे पानी की मशीन

दिल्ली के एक चौराहे पर
मैं उसे देखकर डर गया
कि जो आकाश से बरसता है बेमोल
जो नदियों में बहता है खुले आम
तो अब यह पानी भी बिकाऊ हो गया
बाज़ार में

अगर आपके पास पचास पैसे हैं
तो आप एक गिलास ठंडा पानी पी सकते हैं

कितने जन ठिठकते हैं इसके सामने
ज़ेबें टटोलते हैं और आगे बढ़ जाते हैं
माँ-बाप अपने बच्चों को घसीटते ले जाते हैं
कि चलो, घर चलकर पीना
खुद अपने सूखे पपड़ाए होंठों पर
जीभ फेरते हुए

अब तक हम अपनी भूख से लड़ते थे
अब हमें अपनी प्यास से भी लड़ना होगा।

यहाँ दिखाई नहीं देते वे रास्ते
जिन पर पड़ते हैं गाँव
जहाँ आम-नीम-बरगद की छाँव में
बटोहियों को मिलती थीं
गुड़ की डलियाँ और ठंडा पानी

गुड़ की डलियाँ अब चाहे न हों
मगर मिलेगा आज भी
फूल-काँस के लोटे में ठंडा पानी

यहाँ दिखाई नहीं देते वे रास्ते।

कैलाश वाजपेयी

तरु देवो भव

जो अपनी जड़ से नफ़रत करता हो
ऐसा कोई वृक्ष मुझे अब तक
नहीं मिला
पतझर के दिनों में विलाप
प्रमाद–वसन्त आने पर
जो व्यंग्य करता हो
पास उगी घास
अथवा फिर बैर बिना बात
पड़ोस में छैली बेल से
ऐसा कोई वृक्ष मुझे अब तक नहीं मिला।

कोयल पर मुग्ध
क्रुद्ध कौवों पर
ग्रस्त जाति–भेद से
हत्या कर देता हो
जो छाँह में सोए राहगीर की
ऐसा कोई वृक्ष मुझे
अभी तक नहीं मिला
मैं गिरता–पड़ता आदमी
पस्त हो चुका हूँ
जन जीवन की कड़ुआहट झेलते
ओ धरती माँ
मुझे वृक्ष बनाना अगली बार
जैसे ही बन्द–बन्द सी आँख
बन्द हो!

विजेन्द्र

तलाश

निर्जन में—
आँखें पानी तलाशती हैं
मैंने पहली बार
ओस की बूँद को
इस मौसम में झुलसते देखा
उसका शुभ्र बदन
काला होते देखा
चेहरे पर झुर्रियाँ देखीं
आँखें पानी तलाशती हैं।
पशु मुँह उठाए
अपने मालिकों को देखते हैं।
मैंने पहली बार—
बिना पानी
धतूरे को खिलते देखा
वह इस मौसम में
कभी नहीं खिलता
मैंने देखा—
धरती का पानी चुक रहा है
नदियों का पानी गँदला है
हरियाली मटमैली

सफेद पत्थरों पर खिचीं नीली धारियाँ
सूखे पानी के निशान हैं
मैंने उन्हें
पानी के इन्तज़ार में कराहते देखा
दोआब के आदमी को

बेचैन होते देखा
बिना पानी धरती पर पशुओं के खुर देखे
झरनों के बिना—
चट्टानों को चीखते सुना।
पानी पत्ती का प्राण है
वह मेरे साँसों की नमी है।
हवा के साथ
उगते पौधों को पानी चाहिए
उन्हें रोशनी के साथ—
खुला आकाश चाहिए
धरती और आसमान दोनों मिलकर
पानी के लिए जीते हैं।
धरती के जल से ही
शब्द रसमय बना है।
मैंने पहली बार डिग्गियाँ सूखते देखीं।

सूखते तालाबों में गूँजता सन्नाटा सुना
जल के बिना
धान के खेत में फटी भयावह दरारें देखीं।
यह दौर बड़ा कठिन है
इतनी सारी सदाबहार नदियों के होते
मैं पानी को तरसता हूँ।
मैंने पहली बार
दोआब के प्यासे आदमी को
उठते देखा।
यहाँ आम के बगीचों को काटकर
खेत बना लिये हैं
टीलों पर उगी झाड़ियों को
सूखते देखा।

मैंने देखा—
तुम्हारी नीली आँखें बेआब हैं...
आँखें पानी तलाशतीं हैं
जैसे हरी पत्तियाँ
रोशनी, हवा और ताप।

मदन कश्यप

तूफ़ान...भूकम्प...ज़िन्दगी

ज़रूरी नहीं कि हमें ऐसी चीज़ें ही मारें
जो केवल मारने के लिए बनी हैं
जैसे कि बन्दूक़ें
अथवा बारूदी सुरंगे या सरकारें
कभी-कभी जीवन के लिए ज़रूरी चीज़ें भी हमें मारती हैं
अब हवा और पानी से ज़्यादा ज़रूरी क्या हो सकता है
लेकिन बेहद तेज़ हवा मूसलाधार बारिश
जब चक्रवात का रूप ले लेती है
तो उससे भयावह मौत की कल्पना नहीं की जा सकती

जो मारे गए उड़ीसा के तूफ़ान में
उनसे ज़्यादा मौत का दंश झेल रहे हैं वे
जो किसी प्रकार बचे रह गए

अनाथ बच्चों और अपाहिज़ बूढ़ों की ज़िन्दगी में
ज़िन्दगी जैसा क्या है?

शाम ढलते अपने टूटे-फूटे घर में
दो नन्हे भाई-बहनों को साथ चिपकाए
जब लौटती है वह तेरह साल की लड़की
जिसके माता-पिता पिछले चक्रवात में मारे गए
तब अँधेरा जितना घर में होता है
उससे भी ज़्यादा उसकी आँखों में
क्या इसी अँधेरे का नाम है ईश्वर?

जिन्हें तूफ़ान भी नहीं मार सका

वे राहत के महानाटक में मर गए
कोठों पर पहुँचने लगी हैं नन्ही बेटियाँ
और चायख़ानों में छोटे-छोटे बच्चे
जनतंत्र का कौन-सा चेहरा है यह?

यह कहना ग़लत है
कि कुत्तों की मौत मरा आदमी
कुत्ते की मौत ऐसी बदतर नहीं होती
और कभी होती है तो वह नृशंस आदमी की दी हुई मौत होती है

प्रकृति कभी कुत्तों को उस तरह नहीं मारती
जिस तरह उसने आदमियों को मारा गुजरात में
जिनके पास जितना सुरक्षित घर था
उन्हें मिली उतनी ही बुरी मौत
और केवल वे कुत्ते ही आदमी की बदतर मौत मरे
जिन्हें ज़ंजीरों में बाँध रखा था आदमियों ने

मौत से ज़्यादा भयावह थी
मलबे में डूबी हुई ज़िन्दगी
उस नन्हे बच्चे का क्या हुआ
जो हर आने-जानेवाले से कह रहा था
अंकल इसके नीचे मेरे मम्मी-पापा दबे हैं
उन्हें निकालिए अंकल!

•

आदमी का सबसे बड़ा सपना होता है
उसका अपना सुन्दर-सा घर
और जब ठंड में ठिठुरता आदमी
अपने ही घर में लौटने से डरने लगे
तो समझिए उसके सारे सपनों का अन्त हो चुका है!

बलदेव वंशी

तेज़ाबी वर्षा

बरस रहीं मरी मछलियाँ
बादलों से कभी
बरसता तेज़ाबी जल और
धरती अवाक्
        असमर्थ
        अमृत कोख भी
        विष पचाने में...
पेट में पड़े तुम्हारे नए उत्पाद
रसायनों के नए समीकरण
        प्लास्टिक के रूप-अरूप।

पेड़ तक हतप्रभ हैं
कहाँ से उग आईं अन्धी दीवारें
हाथ को हाथ नहीं थामता
छीन लिया किसने
धरती के नीचे का पारदर्शी अवकाश
जख्मी है
        साँसों सजा गुनगुन आकाश।
अपना धर्म तक—
        स्वाभाविक
        भूल गई धरती
दिशाओं ने खड़े कर दिए हाथ
व्यर्थ हुई सजलता
        प्रकाशवाही उजास...
फैल रहे विष धरती पर
        और नीचे-ही-नीचे

रिस रहे शिराओं में
व्यर्थ हुआ सारा नि:सर्ग का संज्ञान
वनस्पतियों का संविधान।

धूआँख परदों के पार
ज़ार-ओ-ज़ार हो रहे, धुँधले
कैद कई-कई आसमान...
चीखती है पारदर्शी पानियों की आब
धीरे-धीरे फैल रहा
हर कहीं
गई शताब्दी का कचरा
विषैला तेज़ाब...।

वीरेन डंगवाल

दुश्चक्र में स्रष्टा

कमाल है तुम्हारी कारीगरी का भगवान,
क्या-क्या बना दिया, बना दिया क्या से क्या!

छिपकली को ही ले लो,
कैसे पुरखों की बेटी
छत पर उलटा सरपट भागती
छलती तुम्हारे ही बनाए अटूट नियम को।

फिर वे पहाड़!
क्या-क्या थपोड़कर नहीं बनाया गया उन्हें?
और बग़ैर बिजली के चालू कर दी उनसे जो
नदियाँ, वो—
सूँड़ हाथी को भी दी और चींटी को भी
एक ही सी कारआमद अपनी-अपनी जगह
हाँ, हाथी की सूँड़ में दो छेद भी हैं अलग से
शायद शोभा के वास्ते
वरना साँस तो कहीं से भी ली जा सकती थी
जैसे मछलियाँ ही ले लेती हैं गलफड़ों से।

अरे, कुत्ते की उस पतली गुलाबी जीभ का ही क्या कहना!
कैसी रसीली और चिकनी टपकदार, सृष्टि के हर
स्वाद की मर्मज्ञ
और दुम की तो बात ही अलग
गोया एक अदृश्य पंखे की मूठ
तुम्हारे ही मुखड़े पर झलती हुई।

आदमी बनाया, बनाया अँतड़ियों और रसायनों का
क्या ही तंत्रजाल
और उसे दे दिया कैसा अलग-सा दिमाग़
ऊपर बताई हर चीज़ को आत्मसात् करनेवाला
पल-भर में पूरे ब्रह्मांड के आर-पार
और सोया, तो बस सोया
सर्दी भर कीचड़ में मेढक-सा

हाँ, एक अन्तहीन सूची है भगवान
तुम्हारे कारनामों की, जो बखानी न जाए
जैसा कि कहा ही जाता है।

यह ज़रूर समझ में नहीं आता
कि फिर क्यों बन्द कर दिया तुमने
अपना इतना कामयाब कारख़ाना?
नहीं निकली नदी कोई पिछले चार-पाँच सौ साल से
जहाँ तक मैं जानता हूँ
न बना कोई पहाड़ अथवा समुद्र
एकाध ज्वालामुखी ज़रूर फूटते दिखाई दे जाते हैं
कभी-कभार।
बाढ़ें तो आईं ख़ैर भरपूर, काफ़ी भूकम्प, तूफ़ान
ख़ून से लबालब हत्याकांड अलबत्ता हुए ख़ूब
ख़ूब अकाल, युद्ध एक से एक तकनीकी चमत्कार
रह गई सिर्फ़ एक सी भूख, लगभग एक सी फ़ौजी
वर्दियाँ जैसे
मनुष्य मात्र की एकता प्रमाणित करने के लिए
एक जैसी हुंकार, हाहाकार।
प्रार्थनागृह ज़रूर उठाए गए एक से एक आलीशान।
मगर भीतर चिने हुए रक्त के गारे से
वे खोखले आत्माहीन शिखर-गुम्बद-मीनार
उँगली से छूते ही जिन्हें रिस आता है ख़ून!
आख़िर यह किनके हाथों सौंप दिया है ईश्वर
तुमने अपना इतना बड़ा कारोबार?

अपना कारख़ाना बन्द करके
किस घोंसले में जा छिपे हो भगवान?
कौन-सा है आख़िर, वह सातवाँ आसमान?
हे, अरे, अबे, ओ करुणानिधान!

नवल शुक्ल

धरती से विदा

कम हो रही हैं
कुछ चीज़ें लगातार
कुछ वस्तुएँ, कुछ नाम।

बहुत कम हो रहा है
हमारा संसार।

हवा कम हो रही है
पीने के पानी तक का अकाल
धरती कम हो रही है
और हमारे वायुमंडल का विस्तार।

पेड़-पौधे कम हो रहे हैं
कम हो रही हैं ऋतुएँ
लुप्तप्राय हो गईं कुछ नदियाँ, कुछ फूल, कुछ जीव।

दूर क्षितिज पर दिखाई देता है उनका झुंड
धरती से विदा ले रहे हैं उन सबके
धीरे-धीरे काँपते हुए हाथ।

बलदेव वंशी

धरती हमारी नाव है!

धरती हमारी नाव है...
लम्बी यात्राओं पर निकले हैं
इसमें—
दो वृक्ष
दो नदियाँ
दो पहाड़
और दो व्यक्ति
परस्पर संवाद में
कई–कई मोड़ पार कर आए...

किन्तु
अब इनकी आत्माएँ घिरी हैं
प्रतिवाद में
छिन्न हुए संवाद

जाने कैसी होगी
आगे की यात्रा
कहाँ होगी समाप्त?...

बलदेव वंशी

धरती हाँफ रही है!

एक ही पीड़ा की विभिन्न आकृतियाँ
एक ही वेदना की विभिन्न संस्कृतियाँ
फल-फूल रही हैं धरती पर
और भीतर विभिन्न देशों-प्रदेशों की मनोभूमियाँ
चकित हैं...

किन ग्रहों से आती हैं वक्रमुखी रश्मियाँ
रक्तभोगी कोंपलें। हत्यारी छवियाँ
हमारी धरती पर?
अनचाहे लहलहाती हैं इतिहास के बाहर
इतिहास रचती वेदनाएँ...

पीड़ाओं का इतिहास नहीं मिलता
लिखा हुआ। कहीं। फिर भी
पीड़ाओं की धरती
इतनी उर्वर है कि और-और पीड़ाएँ
उत्पन्न करती रहती है दिन-रात...

पहले से भी बड़ी सघन
पहले से भी कड़ी अधम
पीड़ाएँ कहाँ से आ रहीं?...

अलिखित इतिहास के रक्त-रंजित पन्ने
पलटकर देखो
पृष्ठ-पृष्ठ रँगा है रक्त से :
पहले से भी अधिक घिनौनी पीड़ाएँ—

'नहीं! हमने नहीं बोईं'
पहले से भी घातक घटनाएँ—
'नहीं! हमने नहीं उगाईं'

किन्हीं अलक्षित ग्रहों से उतर-उतर
स्वयं आ रहीं। भीतर से। पशुता के
अलक्षित क्षितिजों से लक्ष्य में आ रहीं
पहले से अधिक घातक
पहले से अधिक पातक मनुष्य
बढ़ते जा रहे
धरती पर...
और धरती बुरी तरह काँप रही है
पीड़ाओं से घिरी
बे-तरह हाँफ रही है!...

लीलाधर मंडलोई

न के बराबर

हमारे पूर्वज जानते थे
कि कितना ज़रूरी है
गौरैया का होना
वे बनाते थे घर
जिनमें होते थे
झरोखे
रोशनदान और धन्नियाँ

वे घोंसले बनाती थीं वहाँ
कि ध्वनि, शोर और तरंगों से
सुरक्षित था उनका जीवन

इधर अब फ़्लैट हैं
और
मोबाइल फ़ोन
डी.टी.एच. छतरियाँ, केबल और
इंटरनेट का महासंजाल
और घातक बहोत आस-पास अदृश्य
और फैलता प्रदूषण इस क़दर
कि साँस लेना मुहाल

वे उड़ गई हैं या
खो गईं कहीं हवाओं में
कहना मुश्किल
बस कभी-कभी
आती है उनकी भयभीत आवाज़ जब

हम याद करते हैं उन्हें
कि जैसे तीज-त्योहार में

पूर्वजों को
सच है सिर्फ़ इतना अब
कि दोनों हमारे जीवन में
न के बराबर उपस्थित हैं।

नीलाभ

नदी

1

नदी ने जो सहा
नदी जानती है
उसके दो किनारे हैं
उनका शासन भी
वह मानती है
जहाँ भी वह जाती है
उन्हें अपने साथ पाती है

2

नदी तो बहती है, बहेगी
वह थिर क्यों रहेगी

3

नदी को समुद्र से
जा मिलने की इच्छा है
तीव्र इच्छा

लेकिन समुद्र
उसे, केवल उसे, चाहता है

समुद्र से मिलने के लिए
उसे किनारों को छोड़ना होगा
अपने आपको
जाने कितने रास्तों से मोड़ना होगा

कभी-कभी ऐसा करती भी है नदी
हो जाती है उद्दाम
किनारे तोड़
समुद्र बन जाती है नदी

4

मैं नदी में उतरता हूँ
जैसे आदमी
औरत में
औरत की दुनिया में
उतरता है
अपने आपको खो देने के लिए
जैसे आदमी
नींद में उतरता है

5

उसी नदी में
दोबारा स्नान करना
असम्भव है—
यह जाना तो
नदी पर जाना ही छोड़ दिया
इतना चाहा कि
भुलाना ही छोड़ दिया

राज्यवर्द्धन

...नदी आदमखोर हो गई है!

दादी सुनाती थी—
किस्सा
...लगातार बारिश होने पर
बाढ़ पहले भी आती थी
किसी-किसी साल

चढ़ता था पानी
बित्ता-बित्ता
जैसे कोई शिशु बढ़ता है धीरे-धीरे

नहीं होती थी
जान-माल की हानि

समय रहते शरण लेते थे लोग
किसी मचान पर
या चले जाते थे
गाँव के किसी ऊँचे मकान पर

नदी का क्रोध
होता था जब शान्त
उतर जाता था पानी
आहिस्ता-आहिस्ता
जैसे चढ़ता था

लौट आते थे लोग
अपने-अपने घरों में

कहती थी दादी—
जिस साल बाढ़ आती थी
उस वर्ष फसल दुगुनी होती थी

बाढ़ जितना लेती थी
उससे कहीं जयादा लौटा देती थी

अब कहती है माँ—
जब से नदी पर बना है बाँध
तब से नदी
सुन्दरवन के बाघ की तरह
आदमखोर हो गई है

रात–बेरात
भयानक करती है हमला
और खा जाती है—जान–माल को
और दे जाती है टीस—जीवन भर के लिए!

ज्ञानेन्द्रपति

नदी और साबुन

1

नदी!
तू इतनी दुबली क्यों है
और मैली-कुचैली
मरी हुई इच्छाओं की तरह मछलियाँ क्यों उतराई हैं
तुम्हारे दुर्दिनों के दुर्जल में

किसने तुम्हारा नीर हरा
कल-कल में कलुष भरा
बाघों के जुठारने से तो
कभी दूषित नहीं हुआ तुम्हारा जल
न कछुओं की दृढ़ पीठों से उलीचा जाकर भी कम हुआ
हाथियों की जल-क्रीड़ाओं को भी तुम सहती रहीं सानन्द

आह! लेकिन
स्वार्थी कारखानों का तेजाबी पेशाब झेलते
बैंगनी हो गई तुम्हारी शुभ्र त्वचा
हिमालय के होते भी तुम्हारे सिरहाने
हथेली-भर की एक साबुन की टिकिया से
हार गई हो तुम युद्ध

2

वह एक साबुन है
साबुन की एक साबुत बट्टी
रैपर से खुलकर

प्रस्तुत पड़ी
जल-डूबी घाट-सीढ़ी से ऊपर
सूखी घाट-सीढ़ी पर
एक नीली साबुन-बट्टी
वह एक बहुराष्ट्रीय कम्पनी का
बहुप्रचारित साबुन है
माया है कि तरहथ-भर की उसकी चौकोर निश्छाय काया की
बहुत लम्बी छाया है
विज्ञापन-फिल्मों में महाशक्तिशाली पुकारा जानेवाला
सुपरमैनी भुजमछलियों वाला
मैलासुर के लिए कराल कार्तिकेय स्वरूप
सांगीतिक से अधिक सांघातिक एक धमाके के साथ
स्क्रीनागमन का अभ्यस्त!

उसके दिव्य रूप को देख-देख
थकी नागरिक आँखों को
गंगा धो देती है
दरस से ही

लेकिन जब
गंगातीर
आ ही खड़ा हुआ है वह महावीर
दुर्दान्त कणों और कीटाणुओं को
झाग-बल से फूः कर
कपड़ों को उज्जर करने का दावेदार—
गंगा का जी कँपता है
इस बदहाली में भी उसके जल में
पलती हैं मछलियाँ
और उन मछलियों पर पलते हैं कछुए
जिनके बीच सख्तखोल घोंघे
कवचधारी घोंघे
तागों-सी पतली सफेद संवेदिकाएँ चलाते रहते हैं
और उनकी निश्चलता से बगैर टकराए
जल-सतह पर क्षिप्र घूमती रहती है एक भौंरी

बरसात के उद्दाम दिनों में
जब उनका मिथुनकाल होता है
तब दुहरी, वह एक भौंरी
अपने ऊपर नर को लादे
अपने चंचल परिभ्रमण में
रह–रह क्षणांश को रुकती

ओह! उनके लिए
गंगा का जी कँपता है
अपने जलजीवों के लिए भी
और अपने उन थलजीवों के लिए
जिनके कंठ की प्यास बुझाने से भी आगे बढ़कर
भीतर की कोई गहरी प्यास तिरपती रही है गंगा।

पी.वी. विजयन

नदी को बहने दो

नदी को बहने दो, सरकार!
नदी को बहने दो।
बहना ही उसका जीना है।
उसे अपनी उमंगों की तरंगों में
थिरकने दो,
अपनी मनचाही दिशा की ओर
बहने दो, बढ़ने दो।
सरकार का आदेश है,
कि यह नदी इस तरफ नहीं
उस तरफ बहे।
वहाँ के मरुस्थलों को
खेतों में बदलना है।
वहाँ के खेतों को हरा-भरा करना है।
वहाँ के कारखानों को
बिजली देनी है।
वहाँ प्रगति लानी है।
इसीलिए
इस नदी को
यहाँ नहीं, वहाँ बहना है।
यह तो सरकार का फैसला है।
नदी की गति को
बाँधों में रोकती
दूसरी दिशा की ओर मोड़ती
सरकार अगली शताब्दी की ओर
अग्रसर है।
बाँधों में बन्द नदी का

दम घुट जाता है।
उसकी बेचैनी
बेसँभाल हो जाती है।
वह बावली हो जाती है
और अपनी मर्यादा भूल जाती है।
नदी का पानी चढ़ता जाता है
दोनों कूलों को डुबोती
बाढ़ आती है।
गाँव के गाँव
बाढ़ में डूब जाते हैं।
भगवान राम की एक नहीं
कई शबरियाँ
पानी में डूब मरती हैं
हजारों आदिवासी
बेकार हो जाते हैं
लाखों पेड़-पौधे
जल-समाधि लेते हैं।
हरा-भरा जंगल
महाप्रलय में तब्दील हो जाता है।
प्रलय के महानाश से बचने
हे सरकार
इस नदी को वहाँ बहने दो
जहाँ वह बहना चाहती है।

बद्री नारायण

नदी गीत

शहर में बहती या गाँव में
वह नदी होती,
अगर उसमें मछलियाँ होतीं
ताँतों के विरुद्ध लड़ती हुईं
जालों को करती हुईं ध्वस्त
बन्धनों को छिन्न-भिन्न करती हुई,
वह नदी होती
अगर उसमें नावें
पानी के भीतर या
पानी के बाहर भी,
धाराओं, दबावों एवं चक्करघिन्नियों के ख़िलाफ़,
रौंदती चलती होतीं।

अगर उसमें मछुआरा न केवल गाता,
बल्कि ठेकेदार, सरकार एवं हत्यारे के ख़िलाफ़
धरने में शामिल होता
अगर वह पृथ्वी, गगन, पाताल को एक कर पाती,
अगर भागीरथी मात्र ऊपर से ही आती नहीं नीचे,
नीचे से भी ऊपर जाती
अगर वह विष्णु के नहीं,
हलखोर के भी पखारती पाँव
जो ब्राह्मणों से ज्यादा
भंगियों की बस्ती तक जाती
जिसमें हाथी पर सवार मानिक दा तो नहाते ही

जो निर्बल, थकित, घायल एवं उदास के लिए भी
बिछ-बिछ जाती

वह सचमुच नदी होती,
अगर वह नदी के बने-बनाए अर्थों से थोड़ा हटकर बहती।

रमेश 'मयंक'

नदी माँ का दुलार

नदी है तो—
पानी भी होगा, रेत भी
नदी है तो—
पुल भी बनेगा, बाँध भी।

बाँध से नहरों का निकलना
खेत-खेत में पानी का पहुँचना
बढ़ते सिंचाई के साधन
मनुष्य के चेहरों पर मुस्कान।

नदी घाटी थी तो सभ्यताएँ पनपीं
अब नदी है तो उत्पादन बढ़ेगा
उद्योग पनपेगा, आय बढ़ेगी
खुशियाँ इन्द्रधनुष बनकर छाएँगी
किन्तु
जब हम ही नदी के जल में
शहरों का गन्दा पानी मिलाएँगे
कारखानों का कचरा बहाएँगे
तो नदी के पानी की
पवित्रता-शुद्धता को
कैसे बचा पाएँगे ?

यदि जल ही प्रदूषित हो जाएगा
तो गंगा नदी के प्रति
मोक्षदायिनी आस्था का क्या होगा ?
कौन सडायँध फैलाते पानी को

अमृत कहकर शीश नवाएगा?
बेटा, गंगा मैया कैसे पुकारेगा?

कैसे बेटे हैं हम?
जो कर रहे हैं निरन्तर प्रदूषित
अमृत सम पावन जल को?
लिप्त होकर स्वार्थों में
रोक क्यों नहीं पा रहे
हमारे द्वारा किए जाते छल को?

हम सोचें—
क्या हम नहीं दे रहे आमंत्रण
विकास के नाम पर विनाश को?
क्या हम रख पाएँगे कायम
नदी माता के ममतामयी विश्वास को?

आओ! करें विचार
अच्छे बेटे बनकर फिर से पाएँ
नदी माँ का दुलार
नहीं तो मचेगा हाहाकार।

यदि हमने मर्यादाओं को तोड़ा
प्रदूषण से नाता जोड़ा
तो नदी भी हमें नहीं तारेगी
माँ की तरह नहीं विचारेगी।

कैलाश वाजपेयी

नवक्रान्ति

तुम अगर परिवर्तन के
पक्षधर हो
मिट्टी से शुरू करना
जो बाँझ हो रही है।
धान से शुरू करना
जो गोरे पंजों के
चंगुल में जा रहा।
वृक्षों से शुरू करना
जिनका वध हो रहा है बेरहमी से।
वायु से शुरू करना जिसका
दम घुटा जा रहा।
नदियों से शुरू करना
जिनका यौवन रोज़ लुट रहा
यही सब तो हो तुम
अपनी जड़ों की पड़ताल के बिना
क्रान्ति कहाँ?

इन्दु जैन

निश्चय

निस्तेज होगा सूर्य
आदमी के धुएँ से
फेफड़े खाँस-खाँसकर
सिकुड़ेंगे
बाज़ार की हरियाली से
मुँह उतर जाएगा घास का
चिरते पत्थरों के धूल-कण
छीलेंगे बच्चे के गाल
चिटककर चिटकाएगा
आँख का तारा
एक ज़र्रा
पत्थर का क्रोध
बिजली के आरे पर
चिनगारियाँ छोड़ेगा

सूरज धुएँ के पीछे हँसेगा
समुद्र सोखता हुआ
मूर्ख मनुष्य पर
जानता है
आदमी एक न एक दिन
आदिम प्रार्थना में झुकेगा।

गणेश गायकवाड़

पर्यावरण

1

जिसकी पेट में भूख ने आठ दिन से
घर बनाया है लेकिन सततधार वर्षा के कारण
जो घर से बाहर ही नहीं निकला था।
वह आदमी आज भूख का इन्तजाम करने
जंगल की ओर निकल पड़ा है।
घर से जंगल तक का फसला
ज्यादा दूर नहीं लेकिन कोहरा इतना घना है
कि गाँव और जंगल दोनों में पहचान करना ही
मुश्किल हो गया है।
मुर्गे ने भी आजकल बाँग देना छोड़ दिया है इसलिए
सितम्बर के महीने में धरती भी
घने कोहरे की चादर तानकर देर तक सो रही है।
लेकिन पापी पेट के वास्ते आदमी इस कोहरे को
अपनी कुल्हाड़ी से दो-फाड़ करके
जंगल में लिप्त हो गया है।
उसके पेट की आग ये जंगल जला डालेगी शायद
इन दिनों सूरज भी काले बादलों की आड़ में छुप गया है।
अब उसे ग्रसने के लिए किसी राहु-केतु की
आवश्यकता ही नहीं है।
अब जब सूरज ही नहीं तो अँधेरा ही अँधेरा है गाँव में
जब से गाँव को निर्मल ग्राम पुरस्कार मिल गया है।
सड़क किनारे विष्ठा-विसर्जन को जानेवालों की कतारें
एकाएक बढ़ गई हैं।
पुरस्कार मिलने तक संयम से उन्होंने रोका था।

यह लोग पुरस्कार के प्रति निष्ठावान तो थे ही
लेकिन विष्ठावान भी थे।
और पर्यावरणविद् वे
फूलों की पँखुड़ियों पर
तितलियों के पैरों के निशान
ढूँढ़ने में लगे हैं।
उन्हें पता ही नहीं गाँव के समीप
जो जंगल था, वो कब आग में जल गया है।
और गाँव की खुशनुमा हवा का कत्ल करके
एक चाकू नदी में फेंक दिया गया है और
उससे नदी का सारा पानी लाल हो गया है।

2

सड़कें चौड़ी करने के लिए
इन सड़क के किनारे खड़े बूढ़े पेड़ों को
काटना ही होगा।
प्रगति की राह में जो भी रोड़ा बनेगा उसे
काटने की सख्त हिदायत दी गई है।
आदमी पहले कटे
पेड़ बाद में—उनकी दलील थी।
''सड़क के किनारे खड़े इन पेड़ों का
उपयोग है ही क्या?
पेड़ों की आड़ में
लघुशंका करने के अलावा
पादचारी तो दुराचारी होते हैं।
कितनी परेशानी होती है।
जब हम कार लेकर सड़क से
गुजरते हैं और इन पेड़ों की आड़ से
कोई लघुशंका करके पैंट की चैन
खींचते हुए झट से हमारी कार के सामने
आ खड़ा हो जाता है।
दुराचारी कहीं का
इन पेड़ों को काटना ही होगा
इन पेड़ों से तो

बिजली के और टेलीफोन के खम्भे
अच्छे हैं, जो रात को रोशनी देते हैं।
और संवादों का सम्प्रेषण करते हैं।
पेड़ कट जाएँगे, सड़कें चौड़ी हो जाएँगी।''
दो सौ किलोमीटर का फासला
दो घंटे में तय होगा।
समय की बचत होगी।
ईंधन की बचत होगी। यातायात बढ़ेगा
अर्थव्यवस्था मजबूत होगी।
देश की तरक्की होगी।
सवाल—सर, फासला कम होने से
क्या दूरियाँ मिट जाएँगी?
जवाब—चुप रहो, प्रगति की राह के
रोड़े कहीं के।
हर बात पर शंका, कुशंका और
लघुशंका करते रहते हैं।
सवाल—पेड़ हैं ही किस काम के?
जवाब—सर, पेड़ तो दिन में कार्बनडाई-
ऑक्साइड का शोषण करते हैं।
और ऑक्सीजन बाहर छोड़ते हैं।
पर्यावरण शुद्ध रखने में मदद करते हैं।
सवाल—दिन में ना? रात में पेड़ क्या करते हैं?
जवाब—सर, पेड़ रात को ऑक्सीजन का शोषण करते हैं।
और कार्बन डाईऑक्साइड बाहर छोड़ते हैं।
इसलिए रात को पेड़ के नीचे सोना खतरनाक होता है।
मतलब आदमी और पेड़ एक जैसे ही हो गए ना?
आदमी भी दिन को अमृत समान मीठा बोलते हैं।
और रात को ज़हर उगलते हैं।
दिन में प्यार की झप्पी देते हैं।
और रात को एच.आई.वी. गिफ्ट देते हैं।
आज के दौर के पेड़ और आदमी एक जैसे ही हो गए।
दोनों ही को काटना ज़रूरी है।
अगर प्रगति करनी है तो!

गोविन्द मिश्र

पहाड़ियाँ

तपे मैदान
सूखी नदियाँ
धूल भरी बस्तियाँ
भागते हैं लोग
जिधर हैं पहाड़ियाँ
क्यों, ऐसा क्या है वहाँ?
थोड़ा ऊँचाई बेशक,
अब न वृक्ष सम्पदा,
न शान्ति, न शीतलता
सिर्फ पहाड़ियाँ
एक के ओट एक
शृंखला एकरस।

कुछ न हो
पर वे हैं, जहाँ हैं
अचल,
हम सतत चलायमान,
यही हमारी दुर्बलता
कि भागते-फिरते हैं
इधर से उधर
उधर से इधर
अपने आपसे ही पीड़ित

पहाड़ियाँ
जो जैसी हैं,

अपनी ज़मीन पर हैं
वे कहीं नहीं जातीं
लोग उन तक जाते हैं।

वीरेन डंगवाल

पाइप के पानी की नींद

रात को पाइपों के भीतर
पानी सो जाता है एक बहुत लम्बी तरल नींद
उसी नींद में छूता है उँगली बढ़ा-बढ़ाकर
नदी को
हिमशिखरों को
चट्टानों के काई लगे चिकने पेट
और चाँदनी में चमकते देवदारु की छाया को
सोते में भी कोशिश करता है
जहाँ तक हो बचकर रहे
रात-दिन उत्सर्जित होते तेज़ाब से।
        सुबह धुँधलके में सबसे पहले जिसने नल खोला
        उसी ने सुना अँजुली भरने से पहले
        पाइप के पानी का वह इकलौता रोता हुआ गीत
        सोते में सीखा हुआ।

ज्ञानेन्द्र साज

पानी

बिन पानी के नहिं पशु,
नहिं नर की पहचान
पानी वाला ही चले
भू पर सीना तान।

खेती खिलती नीर से
बिना नीर मुरझाय
बिन पानी के हर कृषक
जीवित ही मर जाय।

बिना पानी के रह सकै
मानव नौ दिन और
बिन पानी के एक पल,
गले न उतरै कौर।

बिन पानी के भूमि पर नहीं उगेगा अन्न
ऐसा जिस दिन हो गया
मानव होगा सन्न।

सूखी धरती कह रही सूख रहा है नीर
यह भविष्य के वास्ते मसला है गम्भीर।

व्यर्थ बहाते नीर हम,
नहीं बचत का योग
कहीं एक-एक बूँद को,
तरसें न हम लोग।

जल से ही जीवन रहे,
जल ही अमृत कोष
एक बूँद जल न मिले,
मानव में फैले रोष।

पानी जाकी आँख कौ,
जीते जी मर जाय
वह समाज की आँख में,
काँटों सौ गड़ि जाय।

जब गरमी से मनुज कौ,
तन–मन आपा खोय
एक बूँद जल की पड़त,
तन–मन शीतल होय।

पानी का लेबिल सखे,
दिन–दिन नीचे जात
पानी सारा खींचकर,
हम खुद मौत बुलात।

प्रेमशंकर शुक्ल

पानी एक आवाज़ है

पानी एक आवाज़ है
कभी विलम्बित, कभी द्रुत
कभी मध्य लय में बहती हुई
कभी मौन में धड़कती हुई
बहिर्ध्वनि के बिना

पानी आवाज़ है
सृष्टि की पहली

मिट्टी की अनेक परतों के भीतर जड़ जिसे पाकर
वृक्ष की सबसे ऊपर की फुनगी तक को कर देती है हरा-भरा
फ़सलों की बालियाँ जिसका कोरस गाती हैं

पानी एक आवाज़ है
जिसे पत्थर पीता रहता है
बर्फ़ीले पहाड़ों में—झीलों के घाट में
नदियों के बहाव में

पानी एक आवाज़ है
घूँट के व्याकरण में बनी हुई
गूँजती हुई बूँद से समुद्र तक
बूझती हुई प्यास की सारी पहेली

पानी एक आवाज़ है
जो माँ के कलेजे से निकलकर
बेटे की आँख में ढरकती है

पानी एक आवाज़ है
जो हँसिया-खुरपी को देती है धार
और हल की फाल को करती है चोख
दीये और घट गढ़ने के लिए मिट्टी को
देती है जो लोच
और जो अयस्क को करती है वयस्क

पानी एक आवाज़ है
ऐसी कि सोमानिया के बच्चे की भूख
व्हाइट हाउस के बच्चे को कर दे बेचैन

पानी एक आवाज़ है
जिसमें कुएँ में बाल्टी डूबने का संगीत है
जो घाट में कलश से चलकर कंठ तक खनकती है
जूझती है जिसके लिए ज़िन्दगी बरहमेश

पानी एक आवाज़ है
पिलाया था जिसे पंचवटी में
कलश में भरकर लक्ष्मण ने
प्यास से व्याकुल सीता और राम को

पानी एक आवाज़ है
जिसमें तैरती है बच्चों की नाव
जिसमें विन्ध्य का झरना
आल्पस की घाटी से बात करता है
जिसमें केरल के धान का खेत
यूक्रेन के घास के मैदान की हरियाली से बतियाता है
जिसमें नर्मदा का पानी
सहारा की प्यास के लिए तड़पता है

पानी एक आवाज़ है
गोर की आँख से
पीती है जिसे मोरनी

पानी एक आवाज़ है
जो अमरीकी बमबारी में अपने माँ-बाप खो चुके
और अपना पाँव गँवा चुके इराक़ी बच्चे की आँख में
डबडबाए आँसू और ग़ुस्से के साथ फूटती है

पानी एक आवाज़ है
घुटन और ख़ामोशी के ख़िलाफ़
बचाती हुई आत्मा को बर्फ़ होने से
पूछती हुई अपने से : 'अब तक क्या किया
जीवन क्या जिया / लिया बहुत ज़्यादा दिया बहुत-बहुत कम'

पानी एक आवाज़ है
निकल पड़ती है जो क्रौंच-वध पर
आदि कवि की आत्मा से एकाएक
और जो व्यास की महाभारत वाणी है
लिखते हैं जिसे गणेश

पानी एक आवाज़ है
तानसेन के कंठ से निकल पिघलाती है जो पत्थर
और अपने दीपक राग से जला देती है जो दीप
जो हमारे कवियों-चिन्तकों की आत्मा का कल्पतरु है

पानी एक आवाज़ है
जिसमें जैसलमेर-बाड़मेर के रेगिस्तान का घर
अंटार्कटिकन इग्लू की कुशलक्षेम सोचता है

पानी एक आवाज़ है
लिंकन, लेनिन, गांधी, नेल्सन मंडेला के संघर्ष-राह की
जूझने का संविधान बनाती हुई
और चुनती हुई न्याय-पथ

पानी एक आवाज़ है
गंगा, यमुना, ब्रह्मपुत्र, कृष्णा, कावेरी, सिन्ध, वोल्गा,
नील, सीन, आमेजन, सिक्यांग, मिसीसिपी, राइन, डेन्यूब का संगम

जिसकी ज़ुबान है और जिसका चेहरा महासागरों जितना विशाल है।
जो महीने के कृष्ण और शुक्ल राग में
अपना निस्तार करती हैं, दिशाएं जिससे अपनी प्यास का
उच्चारण करती हैं और ब्रह्मांड के लोटे से पीता रहता है
जिसे प्रत्येक होंठ

पानी एक आवाज़ है
जिसमें सबकी आवाज़ बचाने की स्वर-गंगा
बह रही है।

प्रेमशंकर शुक्ल

पानी का मतलब

पानी का मतलब
दुनिया को मतलब देना है
और आदमी को बचाना है
मतलबी होने से

पानी का मतलब
एक-तिहाई भू-भाग है
लेकिन घूँट भर की प्यास को
सूखने नहीं देना उससे भी बड़ी चुनौती है

पानी का मतलब
कविता में तैनात मतलब को छुट्टी देना है

पानी का मतलब
'ठंडा मतलब कोका कोला' नहीं
प्यास की वर्तनी को
बाज़ार बना देने की प्रवृत्ति के
ख़िलाफ़ होना है
सख़्त ख़िलाफ़!

केदारनाथ सिंह

पानी की प्रार्थना

प्रभु,
मैं—पानी—पृथ्वी का
प्राचीनतम नागरिक
आपसे कुछ कहने की अनुमति चाहता हूँ
यदि समय हो तो पिछले एक दिन का
हिसाब दूँ आपको

अब देखिए न
इतने दिनों बाद कल मेरे तट पर
एक चील आई
प्रभु, कितनी कम चीलें
दिखती हैं आजकल
आपको तो पता होगा
कहाँ गईं वे!
पर जैसे भी हो
कल एक वो आई
और बैठ गई मेरे बाजू में
पहले चौंककर उसने इधर-उधर देखा
फिर अपनी लम्बी चोंच गड़ा दी मेरे सीने में
और यह मुझे अच्छा लगता रहा प्रभु
लगता रहा जैसे घूँट-घूँट
मेरा जन्मान्तर हो रहा है एक चील के कंठ में
कंठ से रक्त में
रक्त से फिर एक नई चील में!

फिर काफ़ी समय बाद
दिन के कोई तीसरे पहर
एक जानवर आया हकासा-पियासा
और मुझे पीने लगा चभर-चभर
इस अशिष्ट आवाज़ के लिए
क्षमा करें प्रभु,
यह एक पशु के आनन्द की आवाज़ थी
जिससे बेहतर कुछ नहीं था उसके जबड़ों के पास

इस बीच बहुत से चिरई-चुरुंग
मानुष-अमानुष
सब गुज़रते रहे मेरे पास से होकर
बल्कि एक बार तो ऐसा लगा
कि सूरज के सातों घोड़े उतर आए हैं—
मेरे करीब—प्यास से बेहाल
पर असल में जो आया
वह एक चरवाहा था
अब कैसे बताऊँ प्रभु—क्योंकि आपको तो
प्यास कभी लगती नहीं—
कि वह कितना प्यासा था
फिर ऐसा हुआ कि उसने हड़बड़ी में
मुझे चुल्लूभर उठाया
और क्या जाने क्या
उसे दिख गया मेरे भीतर
कि हिल उठा वह
और पूरा का पूरा मैं गिर पड़ा नीचे
शर्मिन्दा हूँ प्रभु,
और इस घटना पर हिल रहा हूँ अब तक
पर कोई करे भी तो क्या
समय ही कुछ ऐसा है
कि पानी नदी में हो
या किसी चेहरे पर
झाँककर देखो तो तल में कचरा
कहीं दिख ही जाता है!

अन्त में प्रभु,
अन्तिम लेकिन सबसे ज़रूरी बात
वहाँ होंगे मेरे भाई-बन्धु
मंगल ग्रह या चाँद पर
पर यहाँ पृथ्वी पर मैं
यानी आपका मुँहलगा यह पानी
अब दुर्लभ होने के कगार तक
पहुँच चुका है

पर चिन्ता की कोई बात नहीं
यह बाज़ारों का समय है
और वहाँ किसी रहस्यमय स्रोत से
मैं हमेशा मौजूद हूँ

पर अपराध क्षमा हो प्रभु,
और यदि मैं झूठ बोलूँ
तो जलकर हो जाऊँ राख
कहते हैं इसमें—
आपकी भी सहमति है!

केदारनाथ सिंह

पानी था मैं

पानी था मैं
बस इतना ही याद है
कि एक दिन एक कटोरे से गिरा
और ज़मीन ने मुझे पी लिया
जबकि एक बकरी उदास तकती रही मुझे
फिर मैं टहलता हुआ चला गया
गेहूँ की जड़ों तक
और उसके दानों में सोता रहा हफ्तों-महीनों
जब उठा तो पाया कि यह एक और ही दुनिया है
जहाँ बदल गया हूँ मैं
हवा की साँय-साँय में
इस बदले हुए भेस में रात-रात भर
सड़कों पर घूमता रहा अकेला
सुबह होने पर चुपके से छिप जाता था
किसी मंजन की डिब्बी
या ब्रश के रेशों में
एक दिन मैंने एक स्त्री को चौंका दिया यह कहकर
कि मैडम मुझे देखिए तो सही
मैं वही हूँ जो कल आपके गिलास में था
एक साधु से कहा—
बाबा, कभी मुझे भी तो लाओ अपने ध्यान में
आपकी अंजलि से गिर पड़ा-मंत्र हूँ मैं।
एक रात एक बच्चे ने मुझे सपने में देखा
और जोर से चिपक गया माँ के स्तनों से
वहाँ जरा-सा अब भी मौजूद था मैं
पसीने की शक्ल में!

पर एक दिन तो गजब हुआ
हूँ तो साँय-साँय ही—
ग़लती से घुस गया संसद भवन में
घुसते ही लगा—कोई तड़पकर पूछ रहा है—
मिस्टर साँय-साँय,
आपकी हिम्मत कैसे हुई?
आप घुस कैसे आए इस पवित्र भवन में?
पर भला हो उस पुलिसवाले का
कि उसने मुझे देखा ही नहीं
और इस तरह उसकी गोली से
बच गया मैं

पर क्या सचमुच बच गया?
क्या जो भी उस दुनिया में झाँककर आता है
ऐसा ही लगता है—क्या सचमुच बच गया?
मैं जानता कुछ नहीं
और अगर जानता हूँ तो सिर्फ इतना
कि पहले पानी था
अब साँय-साँय हूँ

पर कभी-कभी कहीं भीतर
जब हो जाता हूँ बेचैन
तो अपनी ही तलाश में भागता हुआ चला जाता हूँ
किसी नारियल के पास
और उसके अन्दर सुनता हुआ जैसे अपनी ही आवाज़
पीटता हूँ घंटों
उसके बन्द किवाड़...

ज्ञानेन्द्रपति

पॉलिथीन

पॉलिथीन! पॉलिथीन!
तंग हूँ मैं इस पॉलिथीन से
तंग पड़ती जा रही है जगह जीवों को धरती पर
बीजों को धरती पर
इसके कारण
जिधर देखो उधर पॉलिथीन
पॉलिथीन की मुट्ठी में बन्द है बाजार
जिस तरह बाजार की मुट्ठी में बन्द हैं हम
बगलों से लगे हर्ष-भरे घर जाते पॉलिथीन
घूरे से उठकर हवाओं में उधियाते पॉलिथीन
वहाँ देखो! गंगा में उपलाते पॉलिथीन
वह देखो! तुम्हारे देखते-देखते
कूद गया एक और पॉलिथीन
गंगा में
जलजीवों की साँस रुँधने
आया था देवार्पित फूल-मालाओं को
सविनय गंगा में छोड़ने वह पॉलिथीन
उनके पीछे-पीछे
उन्हें सद्गति देता असद्गति
कूद गया आदमी के पीछे-पीछे
गंगा में वह पॉलिथीन
चला, जलजीवों की साँस रूँधने
ऐसे ही, साँसत में है उनकी जान
शहरों की नालियों और कारखानों की प्रणालियों की उगल से
करिखाई है गंगा
विषपायी है गंगा

दुखियारी माई है गंगा
उस निर्भार पॉलिथीन के पड़ते ही
भारी हो जाता है उसका जी

दोनों और ठोंगों और डलियों और डोलचियों को ही नि:शेष नहीं किया है
इस प्लास्टिक-वंशज पॉलिथीन ने!

चिरजीवा मरजीवा पॉलिथीन!
हमारे समय की सभ्यता का पर्याय है
हमारे समय की सभ्यता का दूसरा नाम है—पॉलिथीन
इसने नियुक्त किया है कितने ही लोगों को
अपनी बेच-खरीद में
(और न जाने कितने लोगों को इसने बेरोजगार किया है)
इसके एजेंट हैं, उनके पेमेंट हैं
इसके कबाड़ हैं, वहाँ हड़ते हाड़ हैं
पॉलिथीन—पूँजीवाद की त्वचा है
यहाँ से वहाँ तक
गाँव से महानगर तक
झारखंड के पथरगामा नामी मेरे कस्बाई गाँव से
पत्थर-दिल नगर के इस लघुकाय फ्लैट तक
कि मैं उकता गया हूँ इसके अतिरेक से
एक दिन पत्नी से कहता हूँ खीजकर
ओह! पॉलिथीन!
जहाँ देखो वहाँ पॉलिथीन
जिधर देखो उधर पॉलिथीन
कोने-अँतरे चपतियाकर सहेज रखे पॉलिथीन

यह घर है या...

मेरे क्रोध को शब्द ढूँढ़ने का मौका दिए बगैर
पत्नी कहती हैं :
तुम्हें क्या पता
घर चले—इसके लिए
लड़नी पड़ती है स्त्रियों को कैसी लड़ाई

और कैसे-कैसे दुश्मनों के ख़िलाफ़!
कितना मुश्किल
कीड़ों से और चींटियों से और दीमकों से
बचाना अनाज और चीनी और चीजें
यह धरती एक फल है
जिसे एक ओर से कीड़े और चूहे कुतर रहे हैं
एक ओर से हम सब
तुम्हारे आगे प्लेट में परोस देना है हमें इसे
हमीं जानती हैं हम इसे कैसे बचाती हैं, किन टेढ़े-तिरछे तरीकों से
कि आदमियत को आकार मिलता रहे

मैं देखता हूँ विवश, उसे
जीवन-युद्ध में प्राणरक्षक
बनकर ही तो अवतरित हुआ था मानव-पक्ष में
यह जो आज प्राणभक्षक पॉलिथीन
पृथ्वी के वक्ष पर कि प्राणों पर पसरा है।

इन्दु जैन

पूरा जीवन

पेड़ पक गया
फूल नहीं आते
हवा में हिलती हैं
फिर भी पत्तियाँ
हर बार कुछ और झड़ती हुई

नहीं बैठता राही उसकी छाँह में
फल भी तो नहीं देता!
पक्षी फिर भी चहचहाते निकल जाते हैं
सिहराते हुए
ठूँठ भी बसेरा है किसी न किसी का
खोखल भी

बुलबुल का जोड़ा आ उतरता
थोड़ी देर को
मृगशावक चर लेते
झरी पड़ी पत्तियों का हरा हिस्सा
बादल आ अटकते हैं
लपेटते स्निग्धता से
तरलता से गरमाई सींचते

झराझर बारिश में
घर उम्मीद से देखते हैं
पके पेड़ को
शहतीर की आस में

धरती छोड़ रही जड़ों को
धीरे-धीरे प्यार से
कहीं उठ रहा झक्कड़
पहाड़ों के पार
खींच रहीं जिसे पेड़ की सूखी नसें
मुक्ति के लिए पुकार रहीं
और रोक भी रहीं
छितराए छतनार से

मोह और मुक्ति के बीच
एक पूरा जीवन जी गया
पका हुआ पेड़।

रामकुमार आत्रेय

पेड़

1

पेड़
जब तक जमीन से जुड़ा है
तभी तक पेड़ है
तभी तक उसकी छाया है
तभी तक उसके फूल हैं
फल हैं
जमीन से उखड़ते ही
सूखकर हो जाता है वह काठ
और काठ के पास
न कोई यात्री आता है
सुस्ताने के लिए
न कोई पक्षी आता है
चहचहाने के लिए
न कोई बच्चा आता है
फूल-फल चुराने के लिए
चूल्हे के सिवा
कोई जगह नहीं बचती है उसके लिए
सुनो,
मैं पेड़ बने रहना चाहता हूँ!

2

पेड़ हँसता है
तो उसकी टहनियों पर खिलते हैं फूल
अपने मधुर फलों के माध्यम से

पेड़ प्रकट करता है अपनी खुशी
पेड़ गीत गाता है
तो बरसने लगते हैं बादल झमाझम

पेड़ धरती का बेटा है
जब भी कटता है कोई पेड़
तो फट उठती है माँ धरती की छाती
जो रूप धारण कर लेती है
एक भयंकर दरार का

बच सकते हो तो बचो
हाथों में थमी कुल्हाड़ियाँ फेंको
भाग सकते हो तो भागो
सच
आज धरती की बड़ी दरार
अपना मुँह खोले दौड़ी चली आ रही है
हमारी ही ओर
हम सबको निगल जाने के लिए!

3

अभी मैंने
पेड़ बनने के बारे में
सोचा ही था
कि लोग
कुल्हाड़ी लेकर आ गए!

लीलाधर जगूड़ी

पेड़ की आजादी

उस दिन पेड़ को स्वतंत्रता दी जानी थी
उससे पूछा गया
तुम पत्ते चाहते हो या फूल या सीधे फल?
तना चाहते हो या टहनियाँ या सिर्फ़ जड़ें
या तुम केवल जमीन चाहते हो

पेड़ ने कहा—पत्ते न हों
तो बोझ कुछ कम हो
फूल न हों तो यह भी आफत मिटे
न हों फल तो कई तरह से
मेरी जान बच जाए
तना न हो तो काटा न जाऊँ
टहनियाँ न हों तो झुकना न पड़े
रही ज़मीन की जरूरत?
वह मुझे नहीं बीज को पड़ती है
और अगर इन सबकी जड़ ही मिट जाए
तो कितना अच्छा हो

जब तुम्हें कुछ नहीं चाहिए
तो फिर तुम पेड़ कैसे हो सकते हो
हम तुम्हें एक आजाद पेड़ बनाना चाहते हैं
बने रहने के लिए तुम्हें
अपने में से कुछ तो चुनना ही पड़ेगा?

आप मुझे कुछ दे रहे हैं
या मुझसे कुछ ले रहे हैं—पेड़ ने कहा

यह मैं बिलकुल नहीं जानता
फिर भी अगर आप वैसा कर दें
तो फिर मैं हर तरफ़ से एक आजाद पेड़ हो जाऊँगा

तब मैं हमेशा उन अमर चीजों में रहूँगा
जो कभी पैदा नहीं होतीं
तब मेरा कुछ नहीं बिगड़ेगा
कम-से-कम मैं मौसमों का मोहताज तो नहीं रहूँगा

तब मुझसे फल और पत्ते नहीं झड़ेंगे
बल्कि दुनिया की और जो उसकी नहीं हैं
वे सारी समृद्धियाँ झड़ेंगी
तब मुझसे मेरी टहनियाँ नहीं
तमाम जन्मों की इच्छाएँ लड़ेंगी
तूफ़ान नहीं टकराएँगे
आकर
अतृप्तियाँ फलेंगी

जो कुछ आप मुझे देते हो
पेड़ ने कहा—विकल्प में देते हो
वे सारे विकल्प जो मुझमें मौजूद हैं

कुछ देकर आप कुछ नहीं देते हो
जो देते हो वह अभाव और जो नहीं देते
वह मेरी जरूरत बन जाता है

कुछ लेकर आप जो स्वतंत्रता देंगे
देने के बाद भी
वह जितनी आपके पास चली जाएगी
उतना मैं अधूरा हो जाऊँगा
यह जानते हुए भी कि स्वतंत्रता होने में है
न होने में नहीं

दी हुई आज़ादी में जो आप देना चाहते हैं

वे मेरी प्रवृत्तियाँ नहीं
बल्कि मेरी प्रवृत्ति आप मुझसे
लेना चाहते हैं
मैं जिस तरह होता हूँ
जिस तरह दिखता हूँ
उस तरह उतना मैं पेड़ हूँ

हम तुम्हारी तकलीफ़ जानते हैं
और वह विलम्ब भी
जो तुम्हें एक सम्पूर्ण पेड़ बनने में होता है

पेड़ होने का—हम तुम्हें
एक उदाहरण बनाना चाहते हैं
कम-से-कम होकर भी
जो ज्यादा-से-जयादा पेड़ हो
मसलन कि तुम अगर सीधे एक फल हो जाओ...
—यों तुम्हारी अन्तिम उपयोगिता
हम बढ़ा देना चाहते हैं

मैं जानता हूँ आप मुझे देना चाह रहे हैं
एक सुविधा—पेड़ ने कहा
पहुँचने के लिए एक सरल मार्ग
पर वह मेरा रास्ता नहीं है

एक और रास्ता निकल आता
जैसा मैं बीज से निकालता हूँ
जिससे जमीन में मिली हुई फुनगी को
आसमान में पहुँचा देता हूँ
मैं उस रास्ते का मुसाफ़िर हूँ
जिसमें अपनी जगह खड़े रहकर बढ़ा जाता है
एक ऐसा मुसाफ़िर जिसका ब्याह
चिड़ियाएँ
एक जंगल से दूसरे जंगल के साथ रचा देती हैं
न तना बनना सरल है

न टहनियों की तरह निकल आना
न फूल, न फल, न पत्ता बनना सरल है
न अपनी जड़ों के लिए जमीन को पटाना
कुछ भी सरल नहीं है
सवाल केवल पेड़ होने का नहीं
वह तो सिर्फ एक नाम है
जैसे कि—आज़ादी
नाम में क्या रक्खा है?

आख़िर मैं पेड़ हूँ आपका कोई विचार नहीं
जो शाम तक बदल जाऊँ
मुझे समय लगता है
मैं आबो-हवा हूँ
मेरी भी एक अर्थव्यवस्था है
मैं भी एक संगठन हूँ

क्या आप अपनी अर्थव्यवस्था को
मुक्त कर सकते हो?
और क्या आप किसी संगठन को
आजादी दे सकते हो?

गंगा प्रसाद विमल

पेड़ जड़ों से शुरू होता है

पेड़ जड़ों से शुरू होता है
बढ़कर
आसमान की तरफ
हमेशा ऊँचाइयाँ ताकता है
पर जड़ें नहीं छोड़ता।

जड़ों से वह
बार-बार पनपता है
ऊपर हवा के साथ
आसमान की ऊँचाइयों से
रिश्ता कायम कर
नीचे जड़ों से
धरती से जुड़ा रहता है
पेड़, आदमी नहीं

जो उछलकर दूसरी तरफ हो लेता है
आँखों से सीधे
या ज्यादा से ज्यादा
नीचे देख सकता है

पेड़ नीचे-ऊपर
सब ओर रहता है
वह शत चक्षु
समाधिरत
मौन में
शताब्दियाँ पार

करता है, वह रहता है सदा
रहता ही है हरा-भरा
या आपात। रहता ही है जड़ों
पर खड़ा।

गोविन्द मिश्र

पैसेवाले सैलानी

पैसेवाले सैलानी
कचर-कचर खाते हैं
चकर-चकर बोलते हैं
खाते हैं या बोलते हैं
बोलते हैं या खाते हैं
जितना बोलते हैं
उतना खाते हैं
जितना खाते हैं
उतना बोलते हैं
पीते हैं, चिल्लाते हैं
नहीं तो टी.वी., म्यूजिक
ज़ोर से चलाते हैं...
इसी के लिए
इतनी दूर आते हैं

शान्ति और स्वच्छता के दुश्मन ये...
कोई शान्त सुन्दर जगह नज़र आई
दौड़ाने लगे कारें
चालू
भीड़ की चाँय-चाँय
हर जगह झाँय-झाँय
म्यूज़िक की भाँय-भाँय
जहाँ होती थी कभी साँय-साँय।

फिंकने लगे टिन के डिब्बे
खाली बोतलें

पॉलिथीन के थैले
सुन्दर जगह को भी वे
चन्द सालों में बना देंगे
कूड़ाघर
जो झील कल तक थी लबालब
तेज़ी से सूखने लगी है अब।

मदन कश्यप

पृथ्वी दिवस, 1991

1

अवाक् है पृथ्वी
अब तो वह चीख़ भी नहीं सकती
हत्यारे उसका श्रृंगार कर रहे हैं
घावों पर चिपका रहे हैं
हरे वृक्ष के रंगचित्र
अभी सूखे भी नहीं हैं
उन अँगुलियों के ज़ख़्म
जिनमें महावर लगा—बिछुआ पहना रहे हैं

यूरोप के सारे बूचड़खानों पर
सौन्दर्यशालाओं के बोर्ड लग गए हैं

जिसने अभी-अभी फोड़ डाली है
पृथ्वी की एक आँख
वही उसकी दूसरी आँख में
संगीन से सुरमा लगा रहा है

जो घिसट रहा था बाल पकड़कर
वही सजा रहा है गजरा
जो मरोड़ रहा था कलाइयाँ
वही पहना रहा है कंगन

जिनकी आकांक्षाएँ छेद रही हैं
ओजोन की रक्षा-परत
जिनकी एषणाएँ रौंद रही हैं

पर्वतों की छातियाँ
जिनकी तृषा पी जाती है
सारी नदियों के स्वच्छ जल
जिनकी लिप्सा निगल जाती है
पूरी वसुधा की हरियाली
अम्ल–मेघ बनकर बरसती है जिनकी लालसा
वही 'सभ्य' और 'महान' लोग
हथियारों के सौदागर
नशीली दवाओं के तस्कर
अचानक बनाने लगे हैं
पृथ्वी को बचाने की योजनाएँ
मिट्टी की रूखी देह में लगाकर
नरम विचारों के उबटन
जिनकी रक्तपिपासाओं का कोई अन्त नहीं
वे जाने किस अन्त से घबड़ा रहे हैं!

2

बचाओ
सबसे पहले उन रक्षकों से बचाओ
जो अपनी हविस के लिए
बचा रखना चाहते हैं पृथ्वी को
बम बरसाकर धुएँ की चिन्ता करते हैं
जंगल काटकर भू–स्खलन पर शोध कराते हैं
सागर के सीने में भरते हैं ज़हर
नदियों में कचड़े खेतों में विषैले रसायन
मेढकी की रान और बन्दरों के सिर के साथ
करते हैं हमारी मनुष्यता का भी सौदा
बचाओ
सबसे पहले उन लुटेरों से बचाओ

इसे केक की तरह काटकर
टुकड़ा–टुकड़ा बाँट लेने को आतुर चाकुओ
ठहरो
यह महज़ किसी कवि की कायर अभिलाषा नहीं है!

3

वे बार-बार चुराएँगे
फिर भी बची रहेगी धूप
वे छुपाएँगे रोशनी
फिर भी दिखेंगी राहें

तुम रहोगी पृथ्वी
तरबूज की तरह हरा और रसदार

कुचल जाने दो शेषनाग के फण
टूट जाने दो महावराह के दाँत

दरक जाने दो महाकच्छप की पीठ
हम हज़ारो-हज़ार मुट्ठियों पर
तुम्हें थाम लेंगे पृथ्वी!

राग तेलंग

प्लास्टिक

काँच और धातु के
सारे नक़्क़ाशीदार बर्तनों को गलाकर
जाने कहाँ से सामने आ गया प्लास्टिक
हर आँच से बचते-बचाते

ये सारी की सारी ताज़ी हवा
अपने पारदर्शी थैले में बन्द किए
कहाँ भागे चला जा रहा है प्लास्टिक

तमाम किताबों-तसवीरों के बाद अब
संसार के नक़्शे को भी मढ़ लिया प्लास्टिक ने
बहने लगा इसका समुद्र तो सारी ज़मीन पर

प्लास्टिक के पेड़, प्लास्टिक के फूल
प्लास्टिक के चेहरे, प्लास्टिक के रिश्ते,
प्लास्टिक की भाषा, प्लास्टिक की बोली
और तो और प्यार भी हुआ प्लास्टिक का
प्लास्टिक है सब प्लास्टिक

ये किस नए चाक पर आकार ले रही है दुनिया
ये कैसे पनप गया प्लास्टिक का समाज
हमारी ही आँखों के सामने

क्या यही सब हासिल होना था हमें
प्लास्टिक की कारीगरी से

लगता है रुकेगा नहीं इतने पर भी
सब कुछ के प्लास्टिक होने का सिलसिला

ख़ै

आगे जाएगा कहाँ तक यह
आख़िर है तो यह प्लास्टिक ही
बहा ले जाएगी इसे भी एक दिन कोई वैसी ही हवा
कोई आँच दफ़न कर देगी इसे हमेशा के लिए
नहीं तो
तराश लेंगे हम
फिर कोई पत्थर का औज़ार और
खुरच देंगे प्लास्टिक के सब आकार।

बी.एल. आर्य

प्रकृति की पुकार—सावधान

प्रकृति मेरा नाम है, सबको करती हूँ प्यार।
सभी जीव निर्भर हैं मुझ पर, देती हूँ रसधार॥
पौ फटते ही सूर्य रश्मि से, खुलते हैं घर-द्वार।
पर्यावरण सन्तुलन रखने में, नहीं मानती हार॥

सारे जग को सींचा मैंने, सबको जीवनदान दिया है।
कष्ट दिया नहीं कभी किसी को, सबका ही उपकार किया है॥
देना ही सीखा है जग को, कुछ भी वापिस नहीं लिया है।
मेरे स्वाद बड़े सीमित हैं, हवा, पानी और खाद लिया है॥

अथाह जल दिया नदियों ने, पीओ और तुम करो सिंचाई।
दुनिया के मेट्रो शहरों ने, नदी तटों पर ली अँगड़ाई॥
गंगा, यमुना के जल ने ही, बड़ी-बड़ी नहरें बनवाई।
निकल हिमालय से नदियों ने प्रगति पथ की नींव लगाई॥

मेरी नदियों को तुम सबने, प्रदूषणयुक्त बना दिया है।
पावन नदियों के पानी में, मल-मूत्र सब त्याग किया है॥
काट कलेजा मेरा तुमने, सारा पानी खींच लिया है।
बहता पानी मान मुझे, तुम सबने क्यों अपकार किया है॥

छोड़ गन्दगी वक्ष मेरे में, सारा पानी बर्बाद किया है।
जल जीवों को सबने मिलकर, मरने को मजबूर किया है॥
नदियों में पानी भी सूखा, नाव स्टीमर बन्द किया है।
सभ्यता के इन पावन स्त्रोतों को, रेत में तब्दील किया है॥

हलक सूख गए बाँधों के, नदियाँ गई हैं सूख।
गर्मी में जल रहे सभी हैं, नहीं दूर है भूख॥
पशु, पक्षी, पेड़ और पौधे बने हुए हैं मूक।
जागो जरा उठो सब सोचो, दूर करो सब दुख॥

पीने का पानी नहीं मिलता, हाहाकार मची चहुँओर।
टी.वी. न्यूज, रेडियो पर भी मचा हुआ है भारी शोर॥

नभचर, जलचर, थलचर सारे, दुखित पड़े झकझोर॥
पेड़ लगाओ, पानी पाओ, कूक लगाते कोकिल, मोर॥
पेड़ों की तरफ मुड़ें जरा, देने को थोड़ा ध्यान।
पेड़ है जीवन, पेड़ आत्मा दिया सभी को ज्ञान॥
कुचक्र काटने का लग गया है दिया बेच ईमान।
निर्मम बनकर काट रहे हो, कर रहे हो कुर्बान॥
हरिच्छादित जंगल भी काटे, नए शहर बसाने को।
घर तो बहुत जरूरी है चाहे मिलता नहीं हो खाने को॥
काटो जंगल भाषण देओ, विकृत रूप छिपाने को।
जनहित में संकल्प करो अब, वन और वृक्ष बचाने को॥
लाखों पेड़ निरन्तर काटे, बोने पर कोई ध्यान नहीं है।
पेड़ों की हत्या करके पर कोई भी गमगीन नहीं है॥
करो सफाया खूब कमाओ राजनीति बलहीन नहीं है।
भूल रहे हैं यह निर्दयता नवयुग के समीचीन नहीं है॥
पेड़ लगाना भूल गए हैं, चीरा है उनके सीने को।
नदियाँ पोखर कुएँ सूख गए, पानी बचा न पीने को॥
तापमान बढ़ता ही जाता, वर्षा नहीं है आने को।
मोर, पपीहा, कोयलें कूकें, देवो पानी पीने को॥
जलवायु परिवर्तन से चिन्तित, समग्र रूप से सोच रहे हैं।
ग्रीन हाउस प्रभावों से अब, मन ही मन में रोष रहे हैं॥
आग उगलती गर्मी में भी तपोवन तक को जोत रहे हैं।
खेत और खलिहान सूख रहे कृषक भाग्य को कोस रहे हैं॥

चराचर जीव एवं जगत् वनस्पति, संकट में यह धरती है।
सोच-समझकर मुझे बचा लो, इसमें ही सबकी मुक्ति है॥
बाढ़ और भूकम्प जलजला, मेरी भी तो शक्ति है।
सावधान! मौका देती हूँ जनहित में यह भक्ति है॥

प्रदीप नवीन

प्रकृति को शब्द

मूक प्रकृति रोती है
जब अपना कुछ खोती है
हरियाली के आँगन में
सबकी जीवन ज्योति है।

पंछी का कलरव सुनना
तितली की प्यारी बातें
जुगनू कर देता जगमग
सारी अमावसी रातें।

जल की बूँदों से तृप्ति
हर प्राणी को मिलती है,
स्वागत में खिलती कलियाँ
शाख-शाख भी हिलती है।

तट का पाने आलिंगन
उठती-गिरती हैं लहरें
तट की बाँहें खुली रहें
एक पल को भी न ठहरें।

विनोद बिहारी लाल

प्रगति : एक सांस्कृतिक उछाल

मेरे शहर में पोता बाबा को कहता है ओल्ड रैलिक[1]
हैरी कहकर बुलाता है बेटा हरि नाम के बाप को
गोदी में बैठे कुलदीप को
व्हिस्की चटाता है बाप
माँ धकेलती है बेटी को कास्टिंग काउच[2] की तरफ़
कहीं अचीन्हा न रह जाए उसका अपार टैलेंट

त्वचा में लाती है नेचुरल[3] चिकनाई
मल्लिका
हफ़्ते में दो बार योगा कर
एक बार मैडिंट [4]
इससे वह हफ़्ते भर सन्तुलित रहती है

हर दिल में उमड़ा है जोश कर दिखाने का
कुछ-न-कुछ
कल्लू ने गाड़ा है खम्भा चौपाल में
माँ के, बड़ों के, प्रधान के चरण छू
करता है शुरू वह खम्भे के चारों ओर
एक लाख एक बार घूमने का महाव्रत
विश्व कीर्तिमानों में उसका भी होगा दर्ज
नाम,
वह भी टी.वी. पर आएगा
बच्चों-युवाओं के दिलो-दिमाग़ को
अपनी गिरफ़्त में लिये हुए सुपरहीरो
टी.वी. के पर्दे पर बार-बार आता है

---

1. भग्नावशेष, 2. काम देने से पहले की केलि शय्या, 3. प्राकृतिक, 4. मेडिटेशन, ध्यान

उनको धिक्कारता पकड़ता झकझोरता-सा
सन्तुष्ट हो तो तुम मरे के बराबर हो
अपने दो कौड़ी के बाप की तरह ही
कुछ करो
विश करो...

कल तक जो अपनी नदी थी माँ-सी
पालती थी पोसती थी हमें
साथ खेलती थी
बिना भेद-भाव के सभी को गोद लेती थी
हास-उल्लास भरे बच्चे जहाँ खोदते थे
रेतीले तट पर गड्ढा
पानी निकालने को
हुत-हुत कबड्डी खेलते थे हुलसित किशोर
हाँफते थे, दौड़ते थे शर्त लगा बार-बार
आज वहाँ धमकाता बोर्ड लग जाएगा
प्राइवेट प्रॉपर्टी, कीप ऑफ़...[1]

कितने हैरान हैं विकास-गुरु आज तलक
क्यों नहीं देख पाए हम इस नदी में निहित
निस्सीम सम्भावनाएँ विकास की
हम यहाँ डेवलप[2] करेंगे एक वाटर पार्क
एक बोटिंग लेक[3]
एक यॉटिंग स्ट्रैक[4]
बरसेगा सोना यहाँ
नदी गोल्ड माइन है[5]
पब्लिक को पानी मिलेगा सब्सिडी[6] के साथ

टिड्डियों से सिर पर मँडराने लगे हैं लोग
माइदास टच[7] वाले
वे जिसे छूते हैं सोना हो जाता है

---

1. निजी मिल्कियत, दूर रहें, 2. विकसित करेंगे, 3. नौकायन के लिए झील, 4. लघुनौका-क्रीड़ा क्षेत्र, 5. सोने की खान, 6. कम दामों पर, 7. माइदास का सा स्पर्श, उसके छूते ही हर वस्तु सोना हो जाती थी।

इनसे अब कुछ भी सुरक्षित नहीं रहा
जो भी छुएँगे ये, सोना बन जाएगा
हाथ तक आया ग्रास
होंठों तक आया पानी
गोद तक आए बच्चे...
वही वर्ष
आज जा रहा है चुपचाप
उदास और म्लान
मुझे छोड़ एकाकी
सौंपकर मुझे
एक अनचीन्हे
अनजाने नए वर्ष को।

श्रीकृष्ण कुमार त्रिवेदी

प्रभु, हे प्रभु, महाप्रभु!

दूर,
कहीं दूर, बहुत दूर,
सैकड़ों प्रकाशवर्ष दूर
से आ रहे क्षीण संकेतों ने
वैज्ञानिकों की आशा को
पुनर्जीवन दिया है।
    विश्व भर के मानवतावादी वैज्ञानिको!
    हमारी शुभकामना है
    कि तुम्हें सफलता मिले
    अपने उद्देश्य में,
    और तुम खोज निकालो
    कोई और ग्रह
    या उपग्रह
    जहाँ रहती हो
    और रह सके
    सुरक्षित मानवता
    विषाद के विषदन्तों से,
    हिंसा की आत्मघाती कुचालों से,
    अशान्ति के भूस्खलनों से...

हे प्रभु,
इन वैज्ञानिकों की सहायता करना,
इनको लक्ष्य तक पहुँचाना,
वहाँ
जहाँ सचमुच मनुष्य रहते हों
साथ ही

एक काम और करना—
जन्म न देना
उन लोगों को
किसी भी योनि में वहाँ
जिन्होंने

खोदी हैं जड़ें जंगलों की,
नंगा किया है पहाड़ों को,
विषाक्त किया है नदियों का जल,
महाभारत रचे हैं तुम्हारे नाम पर,
बार-बार धोखा दिया है तुम्हें,
और चरित्र हनन किया है मानवता का...

ऐसा करके ही
सुरक्षित कर पाओगे
तुम अपना ईश्वरत्व,
शान्ति से बैठ सकोगे
एक क्षण
बुढ़ापे में।

अत: सावधान रहना प्रभु,
बचना प्रभु, पिछली ग़लतियों से।
सँभलो प्रभु,
सुधरो प्रभु,
हे प्रभु, महाप्रभु!

रमेश कुन्तल मेघ

प्रेम की नदी है यमुना!

अनादि से आती, चँदोवा ताने और सौरमंडल की रासलीला
की संगिनी, प्रेम की मदमाती नदी है—यमुना
गोकुल और ताज, उसके दो कर्णकुंडल!
विरह की भी नदी थी यह नीली जमुना
प्रदूषण से काली अब जहर-घुली जमुना
कहाँ से आती, कहाँ को जाती, तुम यमुना?

भोग की, सुख की, आनन्द की, ओ दुलारी नदिया!
नहीं हो तुम सुरसरि, पापनाशिनी गंगा
विलुप्त अभी नहीं तुम सरस्वती-सी मरुभूमि में
अभी तक मृत्युंजय हो, यम की प्रिया यमुना!
प्रेम भी मृत्युंजय है हममें है अन्तर्यमुना

बदल देने होंगे कवि के बिम्ब-मिथक-प्रतीक
घुँघरू नहीं : आतंकी राइफलों से गूँजती गोलियाँ
बाँसुरी-सी सड़कों पर फुफकारते सोने के भ्रष्ट साँप
बगुला-भगत-गण
फिल्मों में, फैशन-परेड में, बार-क्लबों में
गैंगरेप में, देह-व्यापारों में
ज़िन्दा गोश्त की तृष्णाग्नि धधकाते
लालसा-सम्भोग की वहशियत में
डूबते जाते
कैसा है सम्बोध यह? मुझे बताओ
प्रेम-नदी यमुना!

अब हम नहीं सीख पाते तुमसे

प्रीत के मधुर पाठ
अब तुम नहीं ढुलकातीं
उज्ज्वल रस की गागर
अब तो बस, जहरीला पानी
कुओं, घाटों, कूपों, मधुबनों को
सोख रहा है
तथास्तु! यमुना सूख रही है।
प्यास, धधकाते चूने की, सुरंग हो रही है॥

नदी की धारा ही जीवन-धारा है
इसके बदलने से, मुड़ने से,
सभ्यताओं के सूर्य-कमल
संस्कृतियों के कल्पवृक्ष
ज्ञान-सौन्दर्य के सहस्त्रदीप मिट जाते और
महान राष्ट्र खंड-खंड विघटित हो जाते।
सो, यमुना ढलान पर नीचे
फिसलती जा रही।
गड्ढे, ताल, तलैया हो रही॥

कितने युग
टीलों में पुरातत्त्व बन गए,
कितने कलावस्तु जातीय स्मृतियों के
तस्करों बिच लुट गए,
यमुना हस्तिनापुर बहा ले गई
कुषाणी यक्षिणियों को बाँझ बना गई
आद्याशक्ति गोपियों का अपहरण करा गई
दीवानी मीरा को तीर-तीर टेर गई
बस, अब बचे हैं
छूँछे आद्यबिम्ब!
भ्रामक जादुई यथार्थ!
निष्प्रभ चन्द्रमा का रुग्णजाल!

कहाँ से आती हो, कहाँ को जाती, ओ नीली नदिया!
सरस्वती भी भागते-गाते

हो गई थी विलुप्त
गंगा भी पापों से बन रही दल-दल
क्या करोगी, ऐसे में तुम—अकेली, यमुना?

अब घाटों पर
गू बदबू फैली उफ़,
मरी मछलियाँ हैं
मथुरा के जले मधुपों के काले कोयले हैं।
अब, यमुना सूख रही है।
सच, कालिन्दी मर रही है॥

ग़ाजियाबाद का एक गाँव जहाँ दो नरभक्षी इनसानों ने
बच्चों युवतियों का बलात्कार किया, टुकड़े-टुकड़े काटकर
पकाकर खा भी लिया था, शती के पहले दशक में।
दीवारें पुती हैं निठारी के लाल ज़िन्दा लहू से,
ईंटें चुनी गई हैं हड्डियों के चूरे से,
गोपियों-सी रमणियाँ वधूदहन में जल रहीं,
भागवत की पोथियाँ तस्करों ने गायब कर दीं,
घर-घर में कत्ल—हुए क्या—भ्रूण सिसकते
अब सभी नंगम-नंगे हैं।
प्रीत नहीं, हिंसा के दंगे हैं

बेहोश यमुना को
रेल की सीटियाँ
कृष्णा के मोरपंख करील
बारम्बार जगाते,
निरर्थक, किन्तु
—किन्तु
देहली (ज)पर जमना
अचेतन पड़ी है।
उसकी काया घेरे भारत महान।
कैसी शव-यात्रा में

एकत्र हो रहा है (जैसे आग का दरिया हो)।

मृत्युंजया,
क्या यह प्रणय के,
प्रलय के महाभाव की
घड़ी है?

रामदरश मिश्र

फूल

बाज़ार में सजा
प्लास्टिक के फूलों का उद्यान
क्या ग़ज़ब की रंगत है
जैसे बिना मौसम बहार आ गई हो
न मिट्टी, न मिट्टी गाड़ने की समस्या
न खाद, न पानी
न चिड़ियों से रखवाली
न मौसम का इन्तजार
एक ही भाव से
हमेशा दहकते रहते हैं ये फूल
मैं इन्हें देर तक देखता रहा—
फिर आँखों में उतरा गए चुभते हुए-से
अपने आँगन के खिलते मुरझाते फूल
घर पहुँचते ही
उन्हें उखाड़ फेंका
और दहकते हुए बाज़ार को सजा दिया
घर के पूरे अन्तराल में
दिन बीते
महीने बीते
मौसम बीते
सारा घर एकरस इन रंगों में डूबा रहा
हवाओं ने कहा—
''हमें गन्ध चाहिए।''
मैं चुप रहा
मधुमक्खियों ने कहा—
''हमें रस चाहिए।''

मैं चुप रहा
तितलियों ने कहा—
"हमें कोमल स्पर्श चाहिए।"
मैं चुप रहा
माँ ने कहा—
"मुझे पूजा के लिए फूल चाहिए।"
मैं चुप रहा
पत्नी ने कहा—
"मुझे वेणी के लिए फूल चाहिए।"
मैं चुप रहा
लेकिन जब बच्चे ने कहा—
"बापू, मुझे फूल चाहिए
फूलों की पहचान के लिए।"
तो मैं चुप न रह सका
हृदय हाहाकार कर उठा—
"हाय, मैंने क्या कर दिया कि
बच्चे फूलों की पहचान से वंचित हो गए!"
मैंने प्लास्टिक के सारे फूल तोड़ डाले
और फावड़ा लेकर
अपने आँगन की मिट्टी से जूझने लगा
मिट्टी मुस्कराई
हवा खिलखिलाई
जल कल-कल, कल-कल गाने लगा
और सब मिलकर बोले—
"स्वागत है मित्र तुम्हारा
अपने ही घर में
हाय,
तुम हमारे साथ हुए बिना ही
फूल पाने चले थे
देखो तो
कितने मौसम गुज़र गए उदास-उदास
तुम्हें कुछ दिए बिना।"

इन्दु जैन

बहुत दूर नहीं

बहुत दूर नहीं लगता वह दिन
जब मई-जून में बारिशें होंगी
आम नहीं पकेंगे
खरबूजे मीठे न तरबूज लाल

बहुत दूर नहीं लगती वह रात
जब दिल्ली में बम्बई का दिसम्बर होगा
कश्मीरी सेब हैदराबाद से आएँगे
जैसे अंगूर

बहुत पास है वह घड़ी
जब साड़ी त्योहारों पर पहनी जाएगी
जैसे जापान में किमोनो
घरों में लोग अकेले-अकेले रहेंगे
जैसे भीड़ भरे बाज़ार में
चीज़ें और बटुआ

जब हम सबको यार कहेंगे
और कोई दोस्त न होगा
जब आज फूलों से लोग उनके नाम पूछेंगे
और कल भूल जाएँगे

तब
मेरे बच्चे कहाँ होंगे!

सूरजप्रसाद पचौरी

बाढ़–2005

ऐसी बाढ़ कभी न आई
तीस जून से बरसा पानी
आई पाँच जुलाई
घर–द्वार बाढ़ में डूबे
वृक्षों पर जान बचाई।
ढोर–मवेशी डूबे सारे
गल्ला–पानी सड़ा–गला सब
बाढ़–घिरे भूख में तड़पे
पड़े अन्न के लाले।
जल–जोर बना सब ओर–छोर में
हेलीकॉप्टर उड़ते देखा आसमान में
लगी टकटकी मदद आस में
कोई काम न आए।
उतरी बाढ़ उजाड़ छोड़कर
गाँव हुए दुर्गन्धयुक्त सब
वीरानी छा गई बस्ती में
ऐसे मेघा आए।
अस्त–व्यस्त हुआ जन–जीवन
एकामेक हुए नाले–नद
अतिवृष्टि से दुखी हुए सब
बचाव–यत्न थक हारे
ऐसे दिवस गुजारे।

कुँवर नारायण

भाषा की ध्वस्त पारिस्थितिकी में

प्लास्टिक के पेड़
नाइलॉन के फूल
रबर की चिड़ियाँ

टेप पर भूले-बिसरे
लोकगीतों की
उदास लड़ियाँ...

एक पेड़ जब सूखता
सबसे पहले सूखते
उसके सबसे कोमल हिस्से
  उसके फूल
  उसकी पत्तियाँ।

एक भाषा जब सूखती
शब्द खोने लगते अपना कवित्व
भावों की ताजगी
विचारों की सत्यता
बढ़ने लगते लोगों के बीच
अपरिचय के उजाड़ और खाइयाँ...

सोच में हूँ कि सोच के प्रकरण में
किस तरह कुछ कहा जाए
कि सबका ध्यान उनकी ओर हो
जिनका ध्यान सबकी ओर है—

कि भाषा की ध्वस्त पारिस्थितिकी में
आग यदि लगी तो पहले वहाँ लगेगी
जहाँ ठूँठ हो चुकी होंगी
अपनी जमीन से रस खींच सकनेवाली शक्तियाँ।

मनु

भारत का काला चाँद

दुनिया में क्या ऐसी कोई औरत रहेगी
क्या ऐसा कोई मर्द रहेगा
जो अपने लिए बच्चों की पैदाइश न चाहेंगे
मगर
ऐसे लोग भी जिन्दा हैं
जो केरल के कासरगोड
ज़िले के एनमकजे में रहते हैं
एनमकजे में रहते हैं।
एनमकजे के लोग
प्रजातंत्र गणतंत्र भारत को
ऐसे नागरिकों को न देना चाहते
जो जनम से ही अपाहिज हो, बदशक्ल हो,
बदसूरत हो, बदनुमा हो
ऐसे बच्चे हमको न भाते
किसी को भी न भाते।
देखो वह हरियाली का गाँव
उत्तर केरल में कर्नाटक के सरहद से
जुड़ा हुआ इलाका
तरक्की की राह पर बढ़नेवाला गाँव।
प्रजातंत्र के देश में
प्रजा का शासन नहीं
नेता हमें सिखाते हैं कई कानून।
लोग कई मर गए
आफतों का तूफान उड़ा
कर्बनाक मंजर बन्दा,
इलाज न मिली, न दवाएँ भी।

जी भी न पाए, मर भी न पाए
दरद का चट्टान टूट पड़ा
एनमकजे के चारों तरफ़।
एनमकजे बन गया
भारत का काला चाँद।
किसी ने पहले न सुना,
गाँव के नादान लोगों ने भी
हमने भी न सुना
एंडोसल्फसन का नाम
नफरत भरा वह नाम।
नारे बहुत लगाए गए
हड़तालें की गईं कई
लोगों की आवाज़ उड़ चली जनीवा तक।
हमने समझा
प्रजातंत्र में प्रजा का कोई हक नहीं।
खेतीबाड़ी के नाम पर ज़हर छिटके गए
बच्चे, बच्चे ही रह गए
कई बन गए अपाहिज
प्रजातंत्र में प्रजा की भलाई नहीं।
हमने अभी समझा है
प्रजातंत्र में प्रजा का हक
सिर्फ़ वोट डालने का है।
जो जीत लेंगे वे शासक बन जाएँगे
वे बताएँगे यहाँ के कानून
फिर भी है इधर शासकों का शासक
उसी का नाम है कोरपरेट
प्रजा के मतों से जीतनेवाले
कोरपरेट की कठपुतलियाँ
प्रजा जो नहीं चाहती
वह सरकार कभी न करे
यही प्रजातंत्र है।
आए बहुत यहाँ अनुसन्धान के संघ
इधर की बातें देखते हुए
छलक आए आँसू उनकी आँखों में।

मंजिल पे पहुँचते ही
बदल गए ये आँसू
मगरमच्छ के आँसू में।

अपने बच्चों को बचाएँ
बूढ़ों को अपनी मुश्किल भरी
ज़िन्दगी से बचाएँ
आनेवाली पीढ़ी को बचाएँ
ज़रा मेहरबानी दिल में अगर बाकी हो
रोकथाम लगाए एंडोसल्फान की।

एनमकजे में
एंडोसल्फान ने जनम दिया है
कई नए-नए एंडो मेन को।

देश का सबसे बड़ा शिकारी है
कोरपरेट।
प्रजा शिकार है
शिकार को बचाना सरकार का फ़र्ज़ है
मगर
सर कोरपरेट का मददगार रहे।

दुनिया के लोगों एनमकजे में आओ
एंडो मेन को देखो
प्रजातंत्र का अजीब
अनोखा मंज़र देखने
एक बार एनमकजे में आओ।

ओ मेरे प्यारे प्रजातंत्र के प्रहरियो,
कभी आना न भूलना एनमकजे में
यही भारत का काला चाँद है।

एंडोसल्फान से किसको मुहब्बत है
क्यों है ज़रा यह बता देना,
जिसको कौन डराते हैं
एंडोसल्फान को रोकने के लिए।

भारत के इतिहास में
यह सरहदीय देहान्त रहेगा
चाँद के दाग की तरह
बन्दी आँखों को हम खुला सकें

मगर
खुली आँखों को हम कैसे खोल सकें।
        अगर वक्त मिले तो आएँ
        सोके भी न सोनेवाले
        रोके मरते अपने देश के
        एंडो मेन को देखें
दुनिया में क्या ऐसी कोई औरत रहेगी
क्या ऐसा कोई मर्द रहेगा
जो अपने लिए बच्चों की पैदाइश न चाहेंगे
मगर
ऐसे लोग भी जिन्दा हैं
जो केरल के कासरगोड
ज़िले के एनमकजे में रहते हैं
                एनमकजे में रहते हैं।
        मेरे प्रजातंत्र के प्रहरियो,
        यह सच है
        मेरे इतिहासकारो,
        यह सच है
        मेरे संसदीय सदस्य,
        यह सच ही सच है
        भारत का काला चाँद है
        यह एनमकजे।

हरीशचन्द्र पांडे

मंच

न काटो पेड़
पेड़ मंच हैं पक्षियों के

पक्षी यहाँ से अपनी बात पूरी आज़ादी से उठाते हैं

न काटो पेड़
एक बहस करता हुआ आदमी कटता है...

प्रमोद कोवप्रत

मैनग्रोव

मैनग्रोव—
एक जैवघर
एक हरितघर
एक समान्तर अरण्य
आवास का अगला नाम है।
मैनग्रोव—
नदी-समुन्दर का परकोटा
पत्तियों का टोला
पंछियों का बिस्तर
दिल का विस्तार है।
मैनग्रोव—
वातानुकूलित झोंपड़ी
प्राणियों का जन्मगेह है।
मैनग्रोव—
रक्षा कवच
सुनामी का
थपेड़ों को सहता
सन्तुलन को कायम रखता
खारे पानी को सोखता
पानी को फिल्टर करता है।
केरल के किनारों में
यह मनमोहक नज़ारा है।
मगर आजकल/मैनग्रोव की झाड़ियाँ
वलपट्टनम नदी के किनारे
कूड़ा-करकटों का डेरा है
पॉलिथीन का खजाना है

प्लास्टिक बोतलों का तहखाना है
कभी माफिया का बसेरा है
नाक बन्द करके ही
बदबू से बच सकता कोई
कितने पौधों का सर्वनाश किया
विकास के नाम पर विनाश
प्रकृति से विकृति?
सोचो, सुकृति ही संस्कृति
क्या यही भविष्य की राह है?
मैनग्रोव!
यह सिर्फ एक पौधा नहीं/धरती की जान है
प्राणियों का एक एहसास है
ऑक्सीजन का खजाना है
मुक्ति का क्षण है/आँखों की ताज़गी है।
ठूँठ, खम्भे-सा है
मिट्टी का प्रहरी है
बीज क्या आपने देखा है?
एक फुटवाला अद्‌भुत लम्बा कील है
जो खुद रोपा जाता है/मिट्टी को बहने से रोकता है
जड़ें जो बुनती हैं/मिट्टी के कपड़े
स्थिर रखती हैं रेत को/भूचाल का प्रतिरोध है।
मैनग्रोव—
सदाबहार है/झाड़ियों से गुज़रना/विलक्षण अनुभव है
पत्ते, टहनियाँ, ठूँठ, जड़ें, बीज
मानो, किसी सेवा में खड़े हैं!
मैनग्रोव—/एक विस्मयकारी अनुभव है
सटकर कान लगाओ/समुन्दर के संगीत की अनुगूँज है
पंछियों की चहल-पहल है/ब्रह्मांड से तन्मयता का क्षण है
चेतना का अद्‌भुत आभास है
सच, केरल के पर्यटन परिषद ने सही कहा है
केरल 'ईश्वर का अपना देश' है!

श्रीप्रकाश शुक्ल

मोक्षदा ही नहीं

मत करो शहर को कैद नदियों में
नदियाँ जिस दिन शहर को कैद कर लेंगी
शहर कैद होगा कचरे में
कचरा होने तक

नदियाँ भी कभी-कभी विद्रोह करती हैं
वे धार ही नहीं धूल भी देती हैं
और जब ऐसा करती हैं
श्मशान होती हैं

वे चीखती हैं
चिल्लाती हैं
और विसर्जन के सारे प्रतीकों से छिटककर
मुक्ति का आवाहन करती हैं

वे सदियों की अवधारणा से मुक्त होना चाहती हैं
मोक्षदा ही नहीं—
सही

वे धरती पर फैल जाना चाहती हैं
उसको खुले में प्यार करती हैं
वे अपनी ही शिराओं को चूमना चाहती हैं
और घने बादलों के बीच

किलकते हुए शिशु से खेलना चाहती हैं
लुका-छिपी का खेल!

वे चाहती हैं कि वे कचरा बनकर नहीं
रेत बनकर बहें
और सागर की ओर हहराती हुई
प्रकृति के खुले आँगन में
जीवन की तरह बहें।

आभा भारती

मौन संसार के सन्देश

भाँति-भाँति के सन्देश मिलने लगे अपने आप!
कारण अनजान!
कभी बादल बोलते
तो कभी धरती, आकाश, आग, पवन, पानी।
कभी घास-फूस, पेड़-पौधे, पशु-पक्षी!
कभी बेजान कंकड़-पत्थर, पर्वत-माटी!
तो कभी चाँद-सितारे और दिशाएँ भी!
सूरज तो आकर्षित कर, संवादरत रहता सदैव ही!
जग की नजरों में जो जितना मूक,
वही लुभाता-बोलता मुझसे सर्वाधिक!
सबकी जुबान का अहसास करती, समझती,
मैं सोचती,
इनका भी एक मौन संसार!
लड़ाई-झगड़े का नहीं नामोनिशान!

ज्ञानेन्द्रपति

यह पृथ्वी क्या केवल तुम्हारी है

एक शक्तिशाली राष्ट्र के सिरमौर!
तुम्हारी उल्लसित कल्पनाओं में
पृथ्वी तुम्हारी उँगलियों पर नाचता क्रीड़ा-कन्दुक
—ठीक वैसा जैसा 'दि ग्रेट डिक्टेटर' में
चैप्लिन ने दिखाया था

तुम उसे राष्ट्र की शक्ति-साधना कहते हो
जब परमाणु बम के भूमिगत परीक्षण से फिर-फिर
थर्राते हो पृथ्वी की मिट्टी-देह
पयस्वती पृथ्वी के मर्मस्थल में
मारकर घूँसा
विश्व-मानव-समुदाय में अपनी वज्रमुट्ठी लहराते हो
नृशंस विजेता की बर्बर मुद्रा में
निरस्त्रीकरण-वार्त्ताओं के दौरान कैमरों के साथ चकाचौंधी उजाले में
सभ्य-सौम्य-निष्पाप दिखते भी हर बार

लेकिन मैं जानता हूँ
पाषाण युग से भी पीछे
हैं वे पाषाण-हृदय, जो
अत्याधुनिकों में अग्रगामी गिनते हैं खुद को
उनको मानव होना शेष अभी

मैं तुम्हीं से पूछता हूँ
एक शक्तिशाली राष्ट्र के सिरमौर!
दूसरे मुल्क़ों में मानवाधिकारों के उल्लंघन से आहत मुखमंडल के गिर्द लिये,
सुदृश्य प्रभामंडल

समुत्सारणबद्धपर्यन्तमंडल में बैठे तुम
मैं फटक भी नहीं सकता जिसके क़रीब
वहीं से
अपने सचिव के कान की मार्फ़त
गुप्तचर संस्था के प्रधान की मार्फ़त
पूछते हो तुम
मैं कौन, पूछनेवाला तुमसे कुछ भी
मैं कौन, पृथ्वी के बारे में करनेवाला कोई सवाल
मेरी क्या हैसियत
मैं किस खेत की मूली
वैसे भी, जब खेतों पर मालिकाना तुम्हारा
तुम्हारे या भाई-गोतियों के खतियान में दर्ज़ सब जो दर्ज़ किए जाने योग्य है
जोत-कोड़ किसी की, हक़-हकूक तुम्हारे
शोषकों-शासकों का कुनबा देश-भेद नाम-भेद के बावजूद एक।
मैं कहता हूँ
चक्रवर्ती के चक्के के नीचे आने को तैयार
मैं एक कवि
पृथ्वी-सूक्त के रचयिता का वंशज
''मा ते मर्म विमृग्वरि
मा ते हृदयमर्पिपम''
नहीं तुम्हारा मर्म कँपाऊँ, नहीं तुम्हारा हृदय दुखाऊँ-गानेवाले कवि का वंशज
वंशज कन्द-मूल खनने के लिए पृथ्वी से क्षमा माँगनेवाले कवि का
पृथ्वी पर चलकर, उसे रौंदने के लिए
क्षमा माँगनेवाले विनतमाथ कवि का उन्नतभाल वंशज
मैं पूछता हूँ
यह पृथ्वी क्या केवल तुम्हारी है?

क्या तुम्हें
एक केंचुए के पास जाकर
पृथ्वी को उर्वर करने में तल्लीन केंचुए के पास
नहीं पूछना चाहिए
पृथ्वी के बारे में कोई भी अहम फ़ैसला लेने से पहले!

कौन जाने, पृथ्वी के भविष्य को ले, तुमसे ज़्यादा चिन्तित रहती हों चींटियाँ!

मेरी हैसियत एक केंचुए की हो
चींटी की तरह कुचल दी जाने की औक़ात ही हो मेरी तुम्हारे निकट
मेरा मानवाधिकार तुम्हारे मानवाधिकार के आगे नाचीज़!

मैं तुम्हारे लिए खेत की मूली ही सही
चलो, तुम्हारे ही खेत की—और लो, सचमुच की—
इस पृथ्वी पर मेरा अधिकार
तुमसे कम तो नहीं
पृथ्वी के अँधेरे में जागा हुआ जीवन
पृथ्वी के बारे में क्या तुमसे कुछ कम जानता है
कि उसकी राय न जानी जाए
पृथ्वी का भविष्य तय करते वक्त!
एक शक्तिशाली राष्ट्र के सिरमौर!
(अपने ज्वलनशील अहं से
परमाणु बमों के विस्फोटक लाल बटनवाले काले ब्रीफकेस को
बस उतनी दूर लिये
जितनी अपनी बीड़ी से पिटरोल
पिटरोल टैंकर का पियेला ड्राइवर!)

राजकुमार कुम्भज

यहाँ एक वृक्ष रहता था

यहाँ एक वृक्ष रहता था
और उस एक वृक्ष पर रहता था कभी
एक चिड़िया का, एक छोटा-सा घर-परिवार
कल तक तो सचमुच सब कुछ ठीक-ठीक ही था
कल होने तक, कल की सुबह होने तक भी
कल की सुबह भी, कल की सुबह जैसी ही थी, कल तक तो
चिड़िया की चहचहाहट भी थी जारी, कल जैसी ही
यहाँ तक कि हूबहू चिड़िया की चहचहाहट जैसी ही
कल तक तो वह एक वृक्ष भी बोल रहा था वृक्ष जैसे ही
जैसे कि बोलते हैं मनुष्य यदा-कदा
फिर एक दिन
फिर एक दिन यदा-कदा बोलते मनुष्यों ने देखा
कि कहीं से बहेलिया नहीं, एक बिल्डर आया है
और उसने अपना सिक्का चलाकर
वह भूखंड हथियाया है
जिस पर कभी एक वृक्ष रहता था
और जिस एक वृक्ष पर एक चिड़िया का
एक छोटा-सा घर-परिवार भी रहता था
बिल्डर ने उस भूखंड पर कुछ घर बनाने से पहले
बल्कि बहुत पहले वह वृक्ष कटवाया
जिस पर एक चिड़िया का एक छोटा-सा संसार रहता था
और उस एक छोटे-से संसार में
रहता था उस एक चिड़िया का एक छोटा-सा घर-परिवार
अब वहाँ उस एक भूखंड पर
बेशकीमती बहुमंज़िला कुछ ऐसे शानदार घर बने हैं

जो एक चिड़िया के घर-परिवार की हत्या से सने हैं
वृक्ष की हत्या पर चिड़िया की आँखों में आँसू हैं
और यदा-कदा बोलनेवाले मनुष्य भी चुप हैं, अब तो
यही होता है आज-कल चिड़िया के साथ।

राज्यवर्द्धन

रूठी गौरैया

गौरैया अब नहीं बसती
महानगर में
कंक्रीट के जंगल में
कहाँ बनाती घोंसला?
हैदराबाद के लोगों
तुमने अच्छा ही किया
टाँग दिया
जगह-जगह गत्ते का घर
गौरैया के लिए
...और डाल दिए हैं दाने
सुना है अब
रूठी गौरैया लौट आई है शहर में।

ज्ञानेन्द्रपति

रेत के द्वीप पसर आए हैं

रेत के द्वीप पसर आए हैं
गंगा के बीच तक
कि जिनकी रेत पर
जल-जीवों के गुज़रने के चिह्न नहीं
उनके गुज़र जाने का
मनहूस सन्नाटा बिछा है
अब नहीं मिलते रेत में
शंखों, सीपियों, घोंघों के कायकवच
वे जैविक कलाकृतियाँ
अद्भुत अभिराम

रेत-पसार पर
जहाँ-जहाँ आवारा फूलों के
अलमस्त भौंरों के
दिन बीत गए
पीली तितलियों के

मछलियों के पीछे-पीछे
अपनी प्रसिद्ध सुस्त चाल से
कितना तेज़ चलते
गुज़र गए कछुए

शारदीय गंग-अकास में
अँकनेवाली
गांगेय डालफिनों की भव्य उछालें
कब की अस्त हुईं

गंगा की धारा
दुबली, मरियल
प्रदूषण-विकल
गोया, पनबिजली के रूप में
    उसका सत्त निकाल लिया है
बारहा बाँधकर

गंगा के उर तक
रेत भर आई है
रेत ही रेत
और ख़ुश हैं
बिल्डर्स
और बिल्डिंग मैटेरियल के विक्रेता
और ख़ुश हैं
अपने स्वभाव का सारा रजस् समेटकर
रेत पर शिल्प उकेरनेवाले कलाकार
और उन्हें निहारने-सराहनेवाले
शहर के सहृदय
और चैनलों और अख़बारों के
सांस्कृतिक संवाददाता
और रेत पर आकृति-शृंखला की
कविताएँ लिखनेवाले कवि
और उन कविताओं के
गुन गानेवाले आलोचक

ये जो
रेत को उपजीव्य कर खिलनेवाली
कला के कर्मी-मर्मी
उनका मुख्यालय है
वह कला-कर्म-प्रोत्साहक न्यास-भवन
जो गंगा के ऐन किनारे उठा है भव्य
प्राय: विदेशी पूँजी से
भूमंडलीकरण की सुशोभन सौगात
आबादी-वर्जित गंगबरार में सुखासीन

गंगशिकस्त पर गड़ाता आँख
कि गंगा भय से भी सिकुड़ी जाती हैं
उर तक रेत और आँखों में भरा हुआ पानी
गंगा की यह छवि भाती है
त्रासदी के रसियों को
अभी तो
खुश हैं कलाधर
कि इधर ही निकल आया है
रेत का एक द्वीप
उधर की रेत तो होती भस्म सरीखी महीन
इधर बालू होता है दानेदार-दमगर
कि जिससे गढ़े जा सकते हैं
रेतशिल्पों के अंग सजीव सरीखे
कि जो भी देखे,
देखता रह जाए ठगा-सा!
बेशक!

राजेश जोशी

विलुप्त प्रजातियाँ

मैं अब अपने शहर में नहीं रहता

कह सकते हो यह भी कि अब मैं उस शरीर में नहीं रहता
कुछ दिन पहले तक जिसमें रहा आया

चेहरा भी एक पता ही तो है
मसलन वह खिचड़ी दाढ़ी अकसर बिना ओंछे बाल और थोड़ी
लापरवाही से कपड़े पहने चप्पल चटकाता आदमी
जो मिल जाया करता था किसी भी सड़क पर
हो सकता है किसी सड़क या चाय-घर में
वैसा ही या उससे मिलता-जुलता कोई शख्स
किसी दिन दिखाई दे जाए अचानक आपको
हो सकता है किसी बिजली के खम्भे के नीचे वाले पटिए पर
वह झुका हो शतरंज की बिसात पर मोहरों को जमाता
यह भी हो सकता है कि हड़बड़ी में आप उसे
राजेश जोशी समझकर उसकी ओर बढ़ें या उसे आवाज़ दे बैठें

मेरी बात मानें तो ऐसा हरगिज़ मत कीजिएगा
यकीन करें जैसे ही आप उसे पुकारेंगे
उसकी आँखों से एक अपरिचित आदमी बाहर आकर पूछेगा...
कौन...किस व्यक्ति को तलाश रहे हैं आप ?
इस नाम का तो कोई शख़्स अब यहाँ नहीं रहता
आपको शायद कुछ ग़लतफ़हमी हुई है

हमारे समय में ऐसे हादसे अकसर लोगों के साथ हो जाते हैं
आप अपनी याददाश्त के भरोसे

कई बरस बाद किसी शहर की किसी गली में
एक पुराने दोस्त या किसी परिचित का मकान खोजते हुए
किसी घर तक जाते हैं
उसका दरवाज़ा खटखटाते हैं
अपने परिचित का नाम लेकर आवाज़ लगाते हैं
कोई दूसरा ही आदमी बाहर निकलकर आता है और बताता है
कि वे अब यहाँ नहीं रहते
कि हमारे इस घर में आने से पहले ही शायद
वे घर छोड़कर चले गए होंगे
कि हमें तो यह भी पता नहीं कि वे कहाँ गए
लेकिन आस-पड़ोस में भी कोई उन्हें जानता होगा
ऐसा नहीं लगता

कई लोग इसी तरह खो जाते हैं एक दिन
उनके नए पते किसी को पता नहीं होते
कई लोग और कई शहर के शहर
इसी तरह खो गए हमारी धरती से

पेड़ों, पशुओं और परिन्दों की न जाने कितनी प्रजातियाँ
विलुप्त हो गईं न जाने कब
अब तो उनकी कोई स्मृति भी
बाकी नहीं

कभी-कभी अपनी टूटी-बिखरी स्मृतियों में भटकता
कोई बूढ़ा आदमी मिल जाता है अचानक
जो अपनी याददाश्त को टटोलते हुए कहता है
हाँ, कई साल हुए ऐसे एक जन यहाँ रहते तो थे
पर कई बरस हुए उन्हें नहीं देखा
फिर किसी बाढ़ या सूखे या किसी भयानक दंगे को याद करता
बताता है कि उसके बाद से तो वो लोग यहाँ नहीं दिखे कभी
पता नहीं फिर उनका क्या हुआ
मर गए या कहीं चले गए चुपचाप पता नहीं चला

धीरे-धीरे इसी तरह कम होते जाते हैं

शहर में हमें जानने-पहचाननेवाले
एक दिन अपने शहर के उसी चाय-घर में
जहाँ हम हर रोज़ बैठा करते थे
अजनबियों की तरह घुसते हैं
आस-पास जमे अपरिचित चेहरों में
किसी पहचान के चेहरे को
खोजने की कोशिश करते
पर कोई नहीं होता जो हमें पहचानकर
लपककर आए हमारा नाम पुकारता हुआ

हम एक खाली पड़ी टेबल के किनारे बैठकर
चाय पीते हैं, सिगरेट जलाते हैं
और ऊबकर आधी सिगरेट को
थोड़ी बेरहमी से जूते के नीचे मसलकर
उठ जाते हैं।

विजेन्द्र

वे रात भर पेड़ काटते रहे

वे रात भर पेड़ काटते रहे
ये धुर जाड़े की रात है
यहाँ तक रात के ग्रेनाइट को दरका के
कुल्हाड़ियों की आवाज़ आती है
मैंने देखा
एक चिरौटा
गाटर के किनारे सो रहा है
ये इस विशाल दुनिया का
कौन सा छोर है
उसकी मादा कहाँ गई है
इस घर की खिड़कियाँ पुरानी हैं
हवा, धूप, कुहरा और फुहार
इन्हीं से आती हैं
तुम्हारे छूने से माघ थरथराता है
किसी क्षण की पदचाप
खनक की तरह बजती है
कोहरा झाड़ियों पर पसरा है
सुनता हूँ भारवाही वाहनों के पहियों की
भारी धमक
एक तरफ बदबू है
एक तरफ सुगन्ध
कभी-कभी तुम्हारी हथेलियों पर
कठा ठेकें देखता हूँ
कठोर श्रम के आँक
चूहे साथ दे रहे हैं

ठंडे पानी की बूँद कँपकँपी देती है
धूप निखरकर
लाल चोंच से पंख खुजलाती है
वे रात भर पेड़ काटते रहे हैं।

लीलाधर मंडलोई

शर्मनाक

मैं 1991 के अख़बार में
पढ़ रहा हूँ यह ख़बर
एक एकड़ कपास की
उत्पादन लागत 2500 रुपए

और आज 2010 में
यह भयानक ख़बर
कि विदर्भ में
किसान आत्महत्या को विवश
कि लागत
13,500 रुपए प्रति एकड़
और खेत उदास

सरकार बी.टी. कपास के समर्थन में
इस हद तक पागल
कि भूल गई
अपने खेत
अपने किसान
यहाँ तक आत्महत्या के आँकड़े
जो किसी भी सरकार के वास्ते है शर्मनाक।

आभा भारती

सँभालो कदम

पेड़-पौधों का सत्यानास हुआ जा रहा,
तन जला-जला, मन बुझा-बुझा
आत्मा की क्या बताऊँ व्यथा!
ओ सूरज देवता,
जरा देखो तो अपनी सन्तानों की दुर्दशा
कंठ सबका सूखा जा रहा
चीत्कार कर उठी प्रकृति की आत्मा।
दोष नहीं सूरज देवता का
करो अपनी करतूतों का लेखा-जोखा
मेरा आँचल तो आँचल
खोखला कर दिया जड़ों का जाला
ओजोन परत में छेदों का मेला
जंगलों की विनाश-लीला
दानवों ने किया देवताओं पर हमला
पंचतत्त्वों पर प्रदूषण का बोलबाला
पर्यावरण का दम निकला जा रहा।
सूरज का बढ़ता ताप
तथाकथित विकास की उड़ान का परिणाम।
वैज्ञानिक खोजों का अम्बार, बचा न सका किसी के प्राण
इठला रहा फिर भी इनसान।
न कोसो सूरज देवता को
वह तो सदाबहार सदैव समान
महात्यागी कर्ण का जनक
त्याग ही त्यागमय उसका हर कदम
रखो सँभल-सँभल, जरा अपने कदम।

एकान्त श्रीवास्तव

समुद्र पीछे खिसक रहा है

समुद्र पीछे खिसक रहा है
पीछे खिसक रहा है कच्छप
अपनी पीठ पर धरती को धारण किए

जैसे दिनोदिन कम होता जाता है
पूर्णिमा के बाद चाँद
कम होती जा रही हैं उम्मीदें
आदमी पर आदमी का भरोसा
कम होता जा रहा है

यह घूमती हुई पृथ्वी
डायनासोर के खुले हुए
जबड़े में आ गई है

पेड़ स्तब्ध हैं, हवा शान्त
देह पसीने से तर
कौन सा पहर है यह रात्रि का?
क्या सबने हथियार डाल दिए हैं?

यह दुनिया
एक बुझी हुई आग है
जिसे हम बार-बार कुरेदते हैं
कि कहीं कोई चिंनगारी बाकी हो
मगर रास्ते शान्त हैं
कहीं कोई आता दिखता नहीं
बस, एक उजड़ा हुआ नगर कराहता है

ओ मेरी धरती,
मेरी आस्था,
कौन रहेगा दुर्दिनों में आगे ?
कौन देगा अमंगल में साथ ?
समुद्र पीछे खिसक रहा है
पीछे खिसक रहा है कच्छप।

नीलाभ

सरस्वती

1

हर बार
पंडे-पुरोहितों की कथाएँ सुनने के बाद
करता हूँ खोई हुई नदी की तलाश
जंगल-पहाड़ छानता हुआ
रेत के विस्तार नापता हुआ

दूर चमकती है
नदी की नीली निर्मल काया
या वह कोई आदिवासी औरत है
    निर्वसन होकर लेटी हुई
        सुनहरी धूप में

सघन पेड़ों के झुंड। हरीतिमा
पत्ते हिला-हिलाकर बुलाती हुई छाया
तट की ओर आमंत्रित करती पगडंडियाँ
बढ़ने पर लुप्त हो जाती है नदी
        आदिवासी औरत की तरह

लौटता हूँ काँटों से छिदे हुए पैर लिये
हर बार
लहूलुहान अंगा के साथ। हताश
मुँह में करकराती है रेत
        कंठ में थकान
तब नज़र नहीं आती है कहीं भी खोई हुई नदी।

2

नदी की तलाश जारी है
जारी है नदी की तलाश
जंगल और बीहड़ में
खँडहर शहरों और रेत के विस्तार में
खोई हुई नदी की तलाश जारी है

पोथियाँ बाँची जा रही हैं
पन्ने पलटे जा रहे हैं
अक्षर परखे जा रहे हैं
छाना जा रहा है इतिहास
फिर से खड़ा किया जा रहा है विश्वास
खोई हुई नदी की तलाश में

यहीं कहीं बहती थी नदी
इन्हीं खेतों को सींचती थी नदी
इन्हीं आँखों में उमड़ती थी नदी

यहीं यज्ञ हुए
यहीं मंत्र रचे गए
लोगों ने स्नान किया
पितरों का तर्पण किया

अब यहाँ कुछ नहीं है
सिर्फ़ रेत का विस्तार
    और तपती चट्टानें

सारे निशान गायब हो चुके हैं
कहीं कोई सुराग नहीं

आँखें अब सूखी हैं
मौन है मंत्रोच्चार
मँडराती हैं आकुल पितरों की आत्माएँ
रेत हो चुका है चेहरा
लुप्त हो गई है नदी।

निर्मला मौर्य

सुनामी बनाम प्रलय

उठनेवाली प्रलय-लहरों ने
देखो!
कैसा कहर बरपाया है...
समूल नाश गाँवों और नगरों का
उसके मन भाया है।

सन्नाटा पसरा है, मँडराते हैं चील-गिद्ध
झोंपड़ियाँ टूटी हैं, बिखरे आशियाने हैं।
उठनेवाली प्रलय-लहरों ने
देखो!
कैसा कहर बरपाया है...

बुझ गए चिराग कहीं, कहीं ममत्व लुट गया
कहीं स्नेह-प्रेम अट्टहास करता है।

छाती पीटती माँएँ, सिसकता है बचपन
टूटी हुई चूड़ियाँ
कहीं
बिलखता है यौवन।

उठनेवाली प्रलय-लहरों ने
देखो!
कैसा कहर बरपाया है...

सूनापन छाया है, थम-सी गई है जिन्दगी
पेड़ों और झाड़ियों में अटकी आशाएँ हैं।

काश! काश! ये सब सपना होता!
काश! ये सब सपना होता है!
लेकिन यह सच्चाई है।
उठनेवाली प्रलय-लहरों ने
देखो!
कैसा कहर बरपाया है...

श्रीप्रकाश शुक्ल

सूखती नदी

रेत नदी का सूखना नहीं है
नदी के बहाव का कम होते जाना है
रेत।
नदी जब सूखने लगती है
तब बहुत-कुछ सूख जाता है
अलहदा!

आहिस्ता-आहिस्ता बन्द होने लगती हैं
घंटे और घड़ियालों की आवाजें
भाप बनकर उड़ने लगते हैं सपने
सुबह की उम्मीद के साथ
ढहने लगता है जीवन।

शिशिर फेंकने लगता है लपटें
बसन्त तपिश से कुलबुलाता है
और ग्रीष्म जैसे अपने ही आँच में झुलसने लगता है

शहर का सबसे सुरक्षित किनारा
अपनी ही धारा से द्रोह कर बैठता है
और कचरे की सम्भावना से अटा पड़ा शहर
अपने ही वजूद में रिसने लगता है

नदी जब सूखने लगती है
बहते शहर को कोई नहीं बचा सकता

शहर तभी तक आबाद है
जब तक बह रही है
एक नदी!

गंगा प्रसाद विमल

सूखा

न वन-घाटियों की आग
न चीड़ की लपट

न कोई आकस्मिता
खेत-मैदान फटे, न कोई भूकम्प

जैसे बंजर सूखा आसमान
धरती पर आया हो उतर

सरकारी खबरें या दूसरे अखबार
कहते होंगे बहुत-कुछ

किसानों की आँखें, घास लाती औरतों के पाँव
पानी उलीचते हाथ
मीलो-मील चलते कदम
कह देते हैं सब कुछ। हाँ...सब कुछ।

ऋतुराज

सूखा

आदमी तो कुछ भी कर लेगा
पशुओं को चारा चाहिए

वे आदमी को देखते हैं कातर दृष्टि से
अन्ततः उसे कुछ तो करना ही पड़ेगा

वह झोंक देगा पहले की तरह
अपना परिवार जलवायु की दुर्नीति में
झूठ बोलेगा प्यार के वास्ते
चाँदनी रातों में खोजेगा हरियाली
और पशु हैं कि उसकी मित्रता का बोझ ढोते
उसके लौट आने की प्रतीक्षा करते रहेंगे

कितनी घास लाएगा हमारा मालिक
कितनी थकान होगी उसके पाँवों में
धूल के पीछे अँधेरे का विरूप पिंड होगा
इन खौलती दिशाओं के बीच उसकी भूखी पसलियाँ

पशुओं ने बिलकुल नई लिपि ईजाद की है
वे चटखी धरती पर आदमी के पाँव देखते बढ़ रहे हैं
बहुत दूर निकल आने पर
उन्हें मिले हैं पलाश
पतझर की तरह गहरे भूरे अन्तहीन सूखे के बीचोबीच
पत्तियाँ नहीं हैं किसी भी पेड़ पर
फिर भी आदमी उनके नीचे बैठा
घास छीलने की कोशिश कर रहा है।

प्रेमशंकर शुक्ल

सूखी झील

सूखी झील को देखकर
आसमान के चेहरे पर
गहरी बेचैनी है

सतह का चेहरा भी
रूखा है
बिवाई की तरह फटा हुआ

बहुत सूख गई है झील
तल की दरारों का अँधेरा
रात के पाँव में गड़ता है

जो झील का पानी
पालता था पूरा शहर
वही झील आज
अपनी प्यास में छटपटाती है

उछलती लहरें बीत गईं
और बचा हुआ पानी
गूँगा हो गया है।

हरीशचन्द्र पांडे

हथियाई गई ज़मीन

बिना भूमि-पूजा के खिल गए हैं फूल
बिना प्रसाद बाँटे लद गए हैं फल
कोई अनुष्ठान नहीं चाहिए हथियाई गई ज़मीन के लिए

फुहारें नहीं करतीं बादलों की प्रतीक्षा यहाँ
बसन्त आ जाता है बसन्त के पहले
ऋतुएँ सारी परवान चढ़ सकती हैं एक बाड़ के भीतर

सितारे जैसे चमकते हैं इस भूखंड के ऊपर
वैसे और कहीं नहीं
चाय सबसे स्वादिष्ट होती है यहाँ पर

मचा रहीं चिड़ियाँ कलरव यहीं
कोपलें सारी फूटें इसी जगह
परकीया सी बनी रहे सँवरी प्रतीक्षारत यह

हज़ार वर्गमीटर ख़रीदकर मन नहीं भरा जिसका
एक वर्गमीटर हथियाकर है गद्‌गद

सभी फ़ैसले नहीं ताकते अदालत का मुँह
मनोरथ केवल साहस के बूते ही नहीं होते पूरे।

❑❑❑